Ansia

Henar Álvarez

Ansia

Planeta

Av. Diagonal, 662-664, 08034 Barcelona
www.planetadelibros.com

Primera edición: marzo de 2024
Depósito legal: B. 2.478-2024
ISBN: 978-84-08-28466-6
Preimpresión: J. A. Diseño Editorial, S. L.
Impresión: Egedsa
Printed in Spain – Impreso en España

PEFC Certificado
Este libro procede de bosques gestionados de forma sostenible
PEFC
PEFC/14-38-00305
www.pefc.es

A Valerie, a Aurora, a Enriqueta.
A todas las mujeres que me inspiraron
perdiendo las formas, pero nunca la razón.

1

En realidad, no tengo un problema con el alcohol. Es la ansiedad lo que me mata. Lo que me hace tomar decisiones violentas y poco meditadas y postergar otras. Ya no tengo ataques de ansiedad. Simplemente convive conmigo. Me golpea el pecho y me acelera la respiración ante situaciones tan absurdas como que Audrey, mi gata, se haya quedado sin agua. O que vaya a terminar un libro que me ha encantado y dude de si encontraré pronto otro que me genere el mismo impacto. O que me haya salido un trabajo por el que llevo tiempo peleando y, llegado el momento, el miedo me convenza de que no estaré a la altura. Sentarme con amigas a tomar algo es una decisión que debo meditar con cuidado. Sé que cuando lo haga ya no seré capaz de levantarme hasta que no vaya del revés. Pero no tengo un problema con el alcohol, insisto. Simplemente, me agarro a cualquier cosa que me genere un placer inmediato. Hace más de diez años que solo soy fumadora social, pero si pillo un *piti* en plena crisis de ansiedad, puedo jalarme media cajetilla en una hora. Lo mismo cuando me masturbo, tengo el Satisfyer que se va a afiliar a Comisiones Obreras. Qué barbaridad, la cantidad de veces que puedo llegar a tocarme cuando necesito desconectar de mi vida. Cuando voy por el quinto o sexto asalto y mi clítoris me pide a gritos que lo deje, que no puede más, insisto por cabezonería. Ataco con vídeos de porno alemán, *gangbangs* salvajes en los que la chica está atada y un pelotón de gordos enmascarados hacen cola para taladrarle los agujeros. Nada. No siento nada ya, pero abandonar lo percibo como una derrota que me inunda los ojos de lágrimas. Si no puedo controlar mi propio cuerpo, ¿cómo voy a gestionar el campo de batalla que es la vida?

He llegado a este punto por egoísmo, por mi incapacidad absoluta para tomar decisiones firmes. Ahora me hace gracia recordar las vidas caóticas de escritores a los que admiré. Tipos infames que presumían en sus obras de ser unos *cowboys* sin destino, Jack Kerouac o Henry Miller, por nombrar un par de ejemplos. Me convencieron de que era realmente guay acabar con los dedos amarillos de tanto fumar, recorrer kilómetros con desconocidos que me resultaran atractivos y tuvieran buena conversación, terminar el día importunando a algún camarero que no quisiera servirme más *whiskies,* tener varios amantes y llegar a casa cuando la descendencia está bañada, meada, cagada y dormida. Claro que en aquel momento no era consciente de que ese relato no estaba escrito para mí. Yo podía ocupar el lugar de la esposa paciente que mira para otro lado, el de la camarera tetona y jugona o el de la enfermera *sexy* que amenizaba la vejez masculina. Por la razón que fuera, no me di por aludida. Y, como quería ser la protagonista de aquellas historias, empecé a desarrollar mis propios relatos. Escribir era mi venganza contra un mundo que clamaba que mi destino de cuna era ser un personaje secundario.

Ahora estos tipos solo me parecen una panda de gilipollas que tenían que hacerse los chulos en sus libros a ver si así conseguían engañar a alguien para echar un polvo. ¿Le habéis visto la cara a Houellebecq? Dios santo, la pinta que tiene de querer follarse a su hermana es realmente preocupante. Bibliografías enteras escritas con el propósito de encandilar a una señora que viera un reto en domar al chico malo de las letras.

Toda esta chapa para explicar que estoy muy mal porque mi amante me ha dejado. Porque se ha cansado de esperar a que deje a mi marido. Porque, después de tres años, tiene claro que no lo voy a hacer y necesita a alguien con quien poder ir al cine de la mano y besarse por la calle. Estoy mal y, para colmo, no puedo compartirlo. No puedo contárselo a una amiga. No puedo explicarle que me era más fácil mirar para otro lado que romper una pareja muerta para no dañar a nuestro hijo. No puedo decirle tampoco que habíamos dejado por completo de follar y que yo necesitaba que alguien me empapara sin tocarme. No puedo decirle a nadie que le echo de menos y que siento que he perdido una oportunidad de ser feliz. Mi marido está a mi lado, en la cocina. Tengo que ponerme a cortar una cebolla para que parezca que lloro por razones ajenas a mi inestabilidad emocional. Tengo, además, la poca vergüenza de echarle la culpa a la generación *beat.* Uno elige a sus referentes igual que escoge a sus amigos o sus enemigos. Si reparé en toda esa panda de cucarachas a lo mejor fue porque siempre he sido una de ellas.

* * *

No tenía buena cara y el maquillaje no funcionaba. Llorar por la noche es una putada mayúscula, te pasas el día siguiente con la cara como un globo. Aun así, traté de estar lo más atractiva posible. No quería que nadie pensara que estaba sufriendo. Lo que siempre había atraído a la gente de mí eran mis maneras de mujer segura de sí misma, con la autoestima trabajada, la cuenta bancaria en números verdes y una carrera laboral prometedora. También ha habido a quien todo esto le ha abrumado, pero esa gente no me interesa. La verdad era que había sido fácil conquistar a un veinteañero con ganas de ser sorprendido. Solo tenía que ser la amazona que le cabalgaba durante horas, la informada que no titubeaba ante sus dudas sobre actualidad o política, la culta que siempre podía recomendarle un libro que explicase a través de la ficción aquello que le atormentaba. Yo seguía recitándole títulos aun sabiendo que no abría un ejemplar desde *Teo en la granja.* Quería fascinarle y lo conseguía. Tampoco es que fuera muy difícil. Flipaba solo con que usara algún verbo que le fuera desconocido o le contara alguna historieta de algún ilustre español megaconocido, tipo Emilia Pardo Bazán o Dalí. Si estaba agobiado, le invitaba a comer en un sitio de moda y se sentía agasajado e importante. Dejé de hacer esto porque me avergonzaban los aspavientos que hacía al entrar en un restaurante. Le llamaba la atención que un local estuviera diseñado con gusto, que los camareros vistieran un uniforme distinguido y que nos aparcaran el coche. Reía de una forma molesta y nerviosa y me preguntaba cuánto me iba a costar aquello. Le pedía por favor que se callara, pero a la hora de pagar aireaba mi tarjeta de crédito. Le hablaba de cualquier chorrada y gesticulaba de más mientras la tenía en la mano. No me quería por mi dinero, porque no lo tengo, pero mis maneras le generaban seguridad y le hacían sentir que se follaba a una tipa espectacular. No se trata de que fuera una cabrona con él, simplemente le daba lo que quería. Me comportaba como la mujer que él deseaba tener a su lado. Desde luego suena a payasa de proporciones monumentales, pero era la payasa que se la ponía como una barra de acero.

En honor a la verdad, quizá no fui justa manejando la influencia que ejercía sobre él. Le dejé unas catorce veces en los tres años que estuvimos juntos y esto es lo único que podría echarme en cara. No es que quisiese acabar con la relación, era la forma que tenía de pasar tranquilas las vacaciones. Recibir sus mensajes mientras estaba en Levante comiendo una paella con mi marido y mi hijo me resultaba molesto. Sus *te quiero* digitales perturbaban mis vacaciones y me hacían tener que esconder el móvil, inventar excusas y memorizarlas para no tropezar luego con ellas. Me resultaba más sencillo no hablar durante un par de meses y después llamarle en septiembre diciendo que le echaba de menos. En unas semanas me tenía de rodillas en su cuarto, pidiéndole disculpas, llamándole «mi chico» mientras dirigía su cabeza a mis pezones u ofreciéndole mis agujeros a cuatro patas y preguntándome en voz alta cómo había podido estar sin él cuando el calor más apretaba.

Claro que en ese septiembre todo había sido diferente. «Tienes que entender que han sido dos meses sin hablar y he tenido que rehacer mi vida.»

«¿Qué voy a entender, pedazo de mamarracho? ¿Cómo voy a entender que no quieras estar conmigo? ¿Sabéis esta gente a la que, cuando los dejan, dicen que ante todo quieren que la otra persona sea feliz? Tú lo que eres es un pedazo de gilipollas conformista. Las derivas *misterwonderfulescas* hablan de la conducta humana como si fuéramos seres programados, comprensivos, como si la pasión no fuera una fuerza que nos invade y toma el control. Obvia por completo que somos animales y niega la violencia y los sentimientos egoístas propios de nuestra especie. Hay quien incluso asegura que los niños siempre dicen la verdad. No has tenido cerca a un niño en tu puta vida, Julio. Los infantes son mentirosos, egoístas y farfulleros. Le sacarían un ojo a su mejor amigo si se atreviera a poner una mano encima de su nuevo Bob Esponja. Llegamos a este mundo siendo unos seres despreciables y nos educamos para vivir en sociedad. Si amas a alguien, quieres que esa persona sea feliz, sí, pero contigo. ¡Qué cojones voy a querer que la vida le sonría junto a otra! O conmigo o con covid. Pero ingresado con neumonía bipulmonar y entubado hasta la tráquea. Que sienta que la muerte le susurra al oído "calienta, que sales". Que el rumor de mi nombre le golpee el cerebro mientras está inconsciente.»

Moví con ímpetu mi mano dentro de las bragas. Solo tres tíos haciendo *creampies* en el culo de una rubia con las tetas como dos bolsas de Ikea me ayudaban a olvidar que había decidido rehacer su vida. Que sí, que quería verme, pero no como antes. Que no me negaba que estaba conociendo a una chica y que quería seguir haciéndolo. Miré el vídeo con las mandíbulas tan apretadas que me dolía la cabeza. Alterné el porno con la lectura, por vigesimocuarta vez, de sus mensajes. Ahora mismo sentía un apetito voraz. Lamería el sudor de sus sobacos, limpiaría sus legañas, tragaría su orina, sus heces, los restos de comida atrapados entre sus dientes, el pus de sus heridas y cualquier líquido que fluyera de su cuerpo. Quería arrodillarme y sonreír para que descargara en mi cara y tragarme también su semen. Quería correrme clavándole los incisivos en el pecho. Quería que este orgasmo me supiese al hierro de su sangre.

«Llévame contigo, átame a la pata de tu cama y aliméntame de ti. Déjame recoger los pelos que dejas en la ducha, tus platos sucios y las flemas que expulsas cada mañana. Si no vas a quererme más, préstame a tu madre. Me vale cualquiera que sea carne de tu carne.»

* * *

Mi padre es la persona más sinvergüenza que he conocido jamás. Me aterra pensar que haya heredado el más mínimo rasgo de su personalidad. Mi madre era bastante guapa e inteligente. De verdad que no entiendo por qué escogió a este mamarracho como marido. Otro estereotipo que me he cansado de leer es el de las malas madres que pueden ser ausentes, sobreprotectoras o histéricas. En infinidad de libros se justifican los desajustes anímicos del protagonista con una madre cucú o irresponsable. La realidad que percibo a mi alrededor es otra muy distinta. Cuento con los dedos de una mano las personas que conozco que no han tenido problemas con su padre. Ya sea porque desaparecieron o porque se la sudó. De hecho, me meo cuando se pide que se impliquen más. Lo mismo lo hacen y, en vez de un trauma, acabamos con cinco.

Tengo un sinfín de anécdotas de situaciones por las que me hizo pasar mi padre cada vez que mi madre estaba fuera por trabajo. Me iba a buscar al colegio y, en vez de llevarme a casa, me metía en algún bar con compañeros o conocidos suyos que, sinceramente, no tengo ni idea de dónde habían salido. Ya me hubiera gustado correr la misma suerte que mi hermano y que me dejara ir sola a casa y pasarme la tarde en mi cuarto leyendo o jugando a la consola. Pero no, tenía que acompañarle y hacer de oyente de las sobradas y mentiras que les contaba a los borrachos del bar.

—Ella es Nati, mi hija. ¿Verdad que es guapa?

—Joder, Javier, la verdad es que sí. Es una chica guapísima. ¿Estás seguro de que es tuya?

Fue decir eso y los cinco colegas se empezaron a reír como chimpancés histéricos. Los chistes que entre líneas consistían en llamarnos putas eran su manera de despiojarse en señal de amistad y fraternidad.

—¿Gracias? —contesté con cara de estar oliendo a mierda.

—Lo único que no entiendo es esta manía de tatuarse y agujerearse.

—No empieces, papá.

—Es que tengo razón —dirigiéndose a uno de los monos—. Mira lo que se ha hecho en la nariz. Es increíble que paguen por hacerse un agujero.

—Bueno, Javier, no digas eso, que tú también has pagado por hacerte algún que otro agujero.

Y ahí estaban de nuevo los chimpancés. Bramando con la boca abierta, golpeándose el pecho, creyéndose ingeniosos e incorrectos. Pobres acabados, creen que tienen el mundo a sus pies y el mundo lo único que hace es cambiarse de acera cuando se cruza con ellos.

—¡Anda, Mari, ponnos otra ronda!

2

Lloraba mirando el televisor. Hecha un ovillo y tratando de hacer el menor ruido posible al sorber los mocos.

—¿Qué te pasa?

—Que ya no puedo más, Sergio.

—Ya estás otra vez.

—Creo que deberíamos darnos un tiempo.

—Ya hemos hablado de esto.

—Sí, ya hemos hablado de esto y nunca me escuchas.

—Si nos damos un tiempo, no vas a volver.

—Pero, si tienes tan claro que no voy a volver, ¿por qué quieres retenerme aquí? Es que no entiendo.

—Creo que podemos arreglar nuestra relación sin necesidad de que te marches.

—Pues yo creo que no.

Cogió el mando de la tele.

—¿Qué quieres ver? Venga, elige tú.

Podía levantarme, hacer la maleta e irme. Era verdad que me costaba por tres razones: no me lo estaba poniendo fácil, mi hijo de seis años y una dependencia extraña que tenía con él. Siempre he pensado que era una persona autosuficiente, pero creo que confundía lo que eso significaba con ser económicamente independiente. No podría jamás valerme por mí misma. Si hubiera una hecatombe medioambiental y tuviera que sobrevivir de lo que yo misma obtengo y cocino, caería en la primera fase. Durante mi época en Filología Hispánica, me alimentaba a base de sándwiches de sardinas en lata solo para no tener que hacerme la comida. Cada día de mi vida a lo largo de cinco años, y casi de manera religiosa, a la una y media del mediodía abría mi latita, colocaba las sardinas entre los panes y lo engullía con gusto. Cuando tenía mucha hambre, me hacía dos.

Siempre he parecido una persona limpia y lo soy, pero no lo era nada de lo que me rodeaba. El cepillo de dientes que uso tiene las cerdas que parecen el pelo de Ylenia Padilla. Las cuchillas con las que me depilo los sobacos podrían provocar una nueva pandemia mundial, el color del óxido les da aspecto de arma blanca poderosa. Joder, es que me rasuro los pelos del sobaco con unas cuchillas que podrían generar gangrena en las piernas del mismísimo Chris Hemsworth. Un pequeño rasguño con ellas y saluda a tus muñones. Creo que moriré por falta de vitaminas o por una infección en el colon o los riñones. No, no soy nada autosuficiente. Si me he mantenido viva, en un estricto sentido físico, a lo largo de todos estos años, ha sido gracias a mi marido. Por lo demás, aquí estamos todos muertos.

Nuestro problema era que nos habíamos convertido en dos extraños que se necesitaban el uno al otro. Una para sobrevivir, el otro para sentirse útil. En cualquier caso, sabía que ya era cuestión de tiempo que finalmente me marchara.

* * *

Adoraba la cervecería gallega que está en Callao, unos pasitos más adelante de la chocolatería Valor. Las cervezas estaban siempre congeladas, bien sudaditas, y cada vez que salíamos a cenar quedábamos primero allí. Carlos es compañero de trabajo de Sergio y la verdad es que Luci, su mujer, me caía bastante bien.

—¿Alguna vez habéis estado en un juicio? Me han llamado para declarar —dice Luci.

—¿Qué ha pasado? —pregunté.

—Un compañero del gimnasio ha puesto una cámara en el vestuario y nos ha grabado a todas saliendo de la ducha y cambiándonos de ropa. Al muy cerdo se le olvidó la cámara y la encontró la gerente. Le dio al *play* y ahí estaba la cara del tío colocando la cámara antes de esconderla. Le ha denunciado el propio gimnasio y han llamado a todas las que salimos en las imágenes.

—Bah, ojalá le metan un puro gordo y os pague las próximas vacaciones a cada una de vosotras. Qué puto asco, de verdad —comenté.

—No queremos dinero.

—¿Cómo que no queréis dinero?

—Lo que queremos es que se haga justicia.

—¿Y no sería justo que os pagara una indemnización?

—El dinero lo mancha todo. Parecería que somos unas aprovechadas y lo que queremos es que quede claro que este tío es un acosador que no debería volver a trabajar jamás en un gimnasio.

—A ver si lo he entendido. ¿Un compañero os graba desde Dios sabe cuándo para machacársela en su casa y, si le pedís una indemnización, las aprovechadas sois vosotras? ¿Te imaginas a un tío diciendo que no quiere el dinero que podría corresponderle por un delito contra su intimidad? —Sergio apretó mi pierna por debajo de la mesa. Me estaba calentando y había elevado el tono de voz. Una pareja sentada en la mesa de enfrente llevaba un rato girada hacia nosotros—. El dinero no lo mancha todo. El dinero lo arregla todo. Ojalá viviéramos en una sociedad diferente, pero es la que nos ha tocado. Es increíble que nos hayan convencido de que nosotras mismas renunciemos siempre a lo que nos corresponde en nombre del qué dirán mientras ellos se llenan los bolsillos, les corresponda o no, sin ponerse ni medio colorados. Pues nada, cuando nos traigan la cuenta, la pagas tú con dignidad, ¿vale?

—Nati, para —me rogó Sergio.

—Anda, vamos a cambiar de tema, sí —suplicó Carlos.

—Si es que además no digo que no lo merezcamos, tampoco sé qué harán mis compañeras en el caso de que se gane el juicio y nos den una indemnización, solo digo que yo prefiero…

La boca se me secó de golpe, como las pantorrillas de un abuelo en agosto. Acababa de entrar una pareja en el bar y el chico era Julio. Ese niñato de mierda. ¿Cómo se atrevía a venir aquí? Él no conocía este sitio, le traje yo por primera vez. Y ahora aparecía sonriendo y de la mano con una tipa espectacular. Este sitio era mío. ¿Se haría el chulo con lo que yo le enseñé? ¿Le habría dicho que la iba a llevar al sitio donde ponen la cerveza más fría de Madrid? ¿Qué más cosas de las que yo le había hablado utilizaría para parecer algo más que una polla con patas? Seguramente también le hablara de las películas que yo le mostré, de los lugares a los que le recomendé viajar, de los libros a los que no fue capaz de asomarse. Tardó dos meses en leer *Ghost World*. ¿Cómo te puede ocupar más de una semana un cómic que no llega a doscientas páginas, Dios mío? Que son viñetas y bocadillos. Mi sobrino de ocho años se comía en un par de horas cualquier tomo de *El capitán calzoncillos*.

—Con esto me darás la razón, Nati.

Evidentemente, no sabía de qué me hablaban.

—Me meo. Ahora vengo.

Me miré en el espejo del baño y empecé a reparar en arrugas que antes no estaban. Mi frente parecía que tenía el *Quijote* escrito en braille. Las patas de gallo se extendían por toda la ojera y los surcos que separaban los mofletes de la boca eran ya una reproducción a tamaño real del cañón del Colorado. «Me ha dejado por una chica mucho más joven», pensé.

—Quizá podamos hacer algo con eso —me espetó desde el espejo el reflejo de un hombre con bata y un rotulador en la mano.

Me giré, pero detrás de mí no había nadie.

—¿Quién eres?

—Soy tu médico esteticista. —Sacó un brazo del espejo y empezó a pintarrajear mi cara—. Con un poquito de bótox en la frente, hialurónico en patas de gallo e hilos tensores en ambos pómulos, dejarás de ver a esa chica como competencia.

—¿Qué chica? —Tenía la cara que parecía un Pollock y ni siquiera era lefa.

—¡Qué chica va a ser! La nueva novia de tu amante.

—No es competencia para mí. ¡Tengo una casa en propiedad, soy una persona interesante, con vida social, conversación y reconocimiento! Cualquiera querría estar en mi lugar.

—Cualquiera no, cariño. Le sacas por lo menos diez años. Quizá también podríamos levantarte un pelín las cejas…

Se abrió la puerta y entró ella. Ella. Azorada, miré al espejo. El payaso del médico y las manchas de rotulador de mi cara habían desaparecido. La chica me sonrió e hizo un gesto para que la dejara pasar al baño. Joder, se parecía a Gwyneth Paltrow en los noventa. Ojalá esta también acabara vendiendo velas con olor a su vagina.

—Pasa, pasa. —De repente me dolía escucharme. Mi voz siempre tenía resaca, cualquier sílaba pronunciada por mí llevaba el aroma de años de Marlboro a mis espaldas.

Inclinó la cabeza a modo de agradecimiento y desapareció tras la puerta del baño.

Salí de allí sabiendo que, efectivamente, ella era competencia.

—Mi vida, ¿quieres otra cerveza? —me preguntó Sergio.

—La verdad es que prefiero irme a casa.

Luci se puso nerviosa. Me cogió la mano en señal de paz:

—Nati, ¿no te habrás molestado por lo del dinero?

—No, no, Luci, de verdad que no. Es solo que estoy muy cansada.

—Ahora me siento mal. Pídete la última, porfa.

—Otro día, de verdad. Pero no te rayes más con eso, que es una chorrada. Se me había olvidado ya.

—Vale, te tomo la palabra.

Me puse la chaqueta con la cabeza baja. Julio no me había visto y ahora no quería que me viera. No con esa belleza al lado. No quería que nos comparara y pensara que había salido ganando. Agarré el bolso y me dirigí rauda a la puerta.

—Sergio, ¿crees que soy guapa?

—Claro que lo pienso. Eres la mujer más atractiva que he conocido nunca.

—Pero no digo atractiva, digo guapa.

—A mí me lo pareces. Y además, es que me da igual. Yo te quiero a ti.

Ja. Le daba igual por los cojones. A ninguno le daba igual.

* * *

Al llegar a casa, Sergio se lavó los dientes y se metió en la cama.

—Me fumo un *piti* y voy.

—No te preocupes.

Me fumé uno, pero no fue suficiente. Así que me encendí otro. La ventana del edificio de enfrente se abrió. Era un vecino que también había debido de pensar que era buena idea echarse un cigarrillo en ese momento. Estaba con una camisa abierta y tenía una tripa como la teta que llevó Rigoberta Bandini al Benidorm Fest. En ese instante giró su cara hacia mí. Levanté el mentón en señal de saludo a la vez que chupé mi cigarrillo. No sabía si me había visto ni si me había correspondido la cortesía, porque no llevaba las gafas puestas. Ni siquiera distinguía bien los rasgos de su cara. De lo que sí tenía la sensación era de que no dejaba de mirarme. Me estiré y empecé a fumar poniendo posturitas, como si estuviera posando para compartir el momento en Instagram. Me reí y me toqué el pelo. Volví mi cara hacia su ventana y ahí siguió. Quizá me equivocara, pero es que no me quitaba ojo de encima. Me gustaba esa sensación. Sin darme cuenta y sorprendiéndome de mí misma, sostuve el cigarro en la boca y comencé a desabrochar los botones de mi camisa. Mi vecino apoyó los codos en el alféizar y tiró la colilla por la ventana. Lo interpreté como una provocación. Quería que siguiera. Sí, quería que siguiera. Dejé caer la camisa al suelo. Me desabroché el sujetador, lo retiré con suavidad y lo sostuve a la altura de los codos. Ya tenía el torso al descubierto, técnicamente estaríamos empatados. Levanté la cabeza para sonreírle, pero la ventana estaba cerrada y allí ya no había nadie.

3

«Mira, Nati. Creo que está hablando de ti.» Pinché en el *link* que una desconocida me mandó por Instagram y flipé al ver que Juan Sobreviela había escrito una columna sobre mi libro. No me nombraba directamente, pero sí aludía a una novela escrita por una chica joven que había causado sensación en la gente de su mismo rango de edad y que trataba la sexualidad femenina. Sí, era evidente que hablaba de mí. ¡Dios aprieta, pero no ahoga! De la emoción, y sin terminar la columna, pegué el *link* en el grupo de WhatsApp de mi familia, en un chat con mi editora, se lo pasé a Sergio, mi marido, a mis amigos de la universidad y a las compañeras de mi primer trabajo. Juan Sobreviela no solo sabía quién era yo, ¡me había leído! Había crecido leyendo sus libros de *Zarpazos & co* y ahora disfrutaba con frecuencia sus textos en periódicos y sus colaboraciones en la radio. Me preparé un vermucito y unas patatitas y me dispuse a terminar la columna.

Y es ahí cuando me llevé la hostia.

No podía ser. Utilizaba adjetivos como *vulgar, chabacano* y *facilón.* Se preguntaba cómo habíamos pasado del puritanismo de la Iglesia a una descripción casi mecánica de la sexualidad. Decía que dejaba en mal lugar a los hombres, por torpes y egoístas, y no mucho mejor a las mujeres, a las que pintaba como seres infantiles que no sabían expresar sus sentimientos ni explicar lo que les gustaba.

> «¡Pues claro que no sabemos explicar lo que nos gusta en la cama! Especialmente porque se han encargado de decirnos por tierra, mar, aire y hasta señales de humo que no nos puede gustar follar, que eso es de putas. Que ellos desean y ellas consienten.»

Y además, ¿qué mal hacía mi novela? No, Sobreviela no dedicaba ninguna columna a los libros de tíos que enseñan a hacerse ricos, a cazar pibitas mellándoles la autoestima, o a los que se jactan de tenerlo todo: casas, coches, mujeres. Dedicaba su espacio con miles de lectores a quejarse de la primera novela de una escritora solo porque al señor le parecía que decía demasiadas veces la palabra *chocho*. No entendía nada. Al darle a publicar había envejecido de golpe doscientos años. A lo mejor lo que le jodía era que sus libros para adultos funcionaban igual que un programa de humor en Televisión Española. Menudo pedazo de asqueroso. La verdad era que los libros de Celia me gustaban veinte millones de veces más.

Metí la mano en la bolsa de las patatas fritas y saqué un puñado con todas las que era capaz de agarrar. Empecé de nuevo la lectura de la columna de mierda mientras las masticaba con la boca abierta. Bebí el vermú para digerirlas mejor y la mitad de la copa me resbaló por la barbilla.

Era la versión histérica y barriobajera de Saturno devorando a sus hijos. No me tragaba la bolsa también porque era incapaz de partirla con los dientes.

Juan Sobreviela era el tipo de persona a la que no había que desearle el mal, sino el bien. Tenía que irle increíble para que se fuera a tomar por culo lo más lejos posible. Era uno de esos que, en cuanto la vida no les sonríe, se ponen a tocar los huevos a todo el mundo para paliar la frustración que les genera ser unos mediocres. De esos a los que les cabrea especialmente que las mujeres los adelanten por la derecha: les enseñaron que perder contra otro hombre formaba parte del juego, pero que hacerlo contra una mujer era una humillación. Tienen que petarlo para que así el resto podamos descansar de su ego, sus formas y su fracaso.

Conocía muy bien a esta clase de amebas. Descubrieron que ser unos caraculos veinticuatro horas les traería beneficios, por eso sus contestaciones siempre son como de alguien que está pasando un cólico nefrítico. Ya lo decía Maquiavelo, es mejor negocio ser temido que ser amado. Y ahí estás tú, sufriendo las consecuencias de un grupo de personas cuya idea de la asertividad está más cerca de la mala educación. «Es que soy asertivo.» No, cariño, eres un dictador. Vas por el mundo como si fueras Madonna y no llegas a cantante de karaoke.

Debería mandarle un *mail.* O quizá forzar encontrarme con él en un evento de esos a los que solo acuden fracasados que quieren hacer ver que le importan a alguien posando en un *photocall.* Sí, eso debería hacer, porque cuando estamos enfadados con alguien a veces no se lo decimos por educación. Y entonces ese enfado se nos va haciendo una bola de odio entre las costillas, pegado al corazón, que se alimenta de venas, flujo y dolor. Si explota, se mancha todo de rencor, vísceras y vehemencia. Y cada minuto que callas se hace más grande. Palpita. Y ya no sabes si es tu corazón o tu bola repulsiva la que lleva el latido dominante. Solo escuchas el pálpito de fondo de manera constante. Como si fuera un móvil en modo vibración que no para de tocar los cojones durante una reunión. El silencio te va mellando la paciencia y empiezas a comportarte como una cretina con tus compañeros de trabajo, a gritar a tu pareja y a no cogerle el teléfono a tu madre. Empiezas a ser una planta mustia, restos de pescado en la basura que atufan toda la estancia. Empiezas a ser, en definitiva, uno de ellos. Y yo me pregunto: ¿no creéis que un «hijo de puta» a tiempo solucionaría todo esto? ¿Es buen negocio joder a todo el mundo por no enfrentarte a una sola persona? Evitar los conflictos muchas veces solo lleva a que el conflicto seas tú. Desahógate, métete en la mente y la lengua de un argentino. Hazte ese favor y vete de vacaciones ligera de equipaje, déjate las tripas desparramadas por el escritorio y la jeta de tremendo soplapollas.

Mi meta con esa gente era amargarles la existencia tanto como me la amargaban a mí. Mi único objetivo en la vida era incomodar a esas personas. No me hacía falta ni sonreír falsamente, porque disfruto sabiendo que les molesta mi presencia. Me gustaba pedir palillos en restaurantes caros, asistir con un Luis Vuitron a un desfile de moda, calzar sandalias con plataforma transparente en un acto elegante. Cuanto más sabía que molestaban mis formas, más forzaba el «ejque». Trepas de los cojones que no van a heredar la puta empresa. Piojos con *totebag*, clasistas con gotelé en la pared.

Sentía como la angustia me asfixiaba, pero conocía el remedio perfecto. Me puse con porno polaco. Se trataba de un local que le había dado la vuelta a los *glory holes* de toda la vida. Una sala rectangular con varios agujeros en la pared por los que asomaban partes del cuerpo de mujeres, desde unas piernas abiertas en uve —bien a la altura de la cintura para penetrarlas o bien a la altura de la boca para chupar— hasta cabezas enteras esperando que les follasen la boca. Los clientes paseaban con los pantalones por las rodillas y la polla en la mano. Era el colmo de la cosificación. Me aumentaba la ansiedad y la culpa observar semejante espectáculo tan denigrante y grotesco, pero necesitaba mierda pesada para ganarle la batalla a mi propia entrepierna.

Cerré Safari y abrí Tinder.

Hola, qué tal?

Hice *match* con un chico guapísimo. Y me escribió. Pero no quería entablar ninguna conversación. No quería hablarle de mí. Ni muchísimo menos tenía intención de leer lo que tuviera que contarme él.

Hola, qué buscas?

«Mira, al lío.»

Escribía y borraba. En línea. Escribía, escribía, escribía, escribía. Borraba. Me pareció que había colapsado con la pregunta.

Pues charlar, conocer a alguien, tomar algo

Ah, genial. Lo siento entonces, yo solo busco follar. Un abrazo

Bueno, lo mismo puedo hacer un esfuerzo, je, je

Puedes ahora??

Ahora ahora, no, pero en una hora y media sí

Vale, mándame ubicación y voy

* * *

Eran las doce y media del mediodía. Fumaba un cigarrillo mirando el móvil y simulaba que esperaba a alguien apoyada en la pared del portal del tipo aquel de la ventana. ¿Y si era un profesor de mi hijo? ¿Y si era el padre de uno de sus compañeros del cole? ¿Un reponedor del Día o el camarero del bar de la zona? Yo era gilipollas, de verdad. Esperaba que, fuera quien fuera, no le dijera a nadie que la mamá de Leo iba enseñándoles las tetas a los vecinos. Se me secaba la boca de pensar que aparecía, pero suponía que las probabilidades de que un hombre que rondaba los cuarenta y cinco y vivía en Madrid trabajara con horario de oficina eran altas. O no, pero ya qué más daba. Después de casi media hora, una mujer con un perro salía del portal. Con solo apoyar disimuladamente el pie, conseguí que la puerta no se cerrara y *voilà.* Cada piso tiene cuatro puertas. Empecé a leer los nombres del segundo. Diría que tenía que ser la B o la C, porque la ventana estaba en el centro del bloque. Hice una foto a los nombres y salí de allí pitando y con el corazón bombeando como en una clase de *spinning.*

La única puerta en la que solo había un nombre era la C: Israel Pino Martín. El resto eran matrimonios. Tecleé su nombre en Google, pero no salió nada. Ni una noticia ni una cuenta de Instagram. Nada. Al menos no era el padre de ningún niño de la clase de mi hijo. De hecho, ninguno de los nombres de la planta me sonaban. Ya que estaba, entré en el Instagram de Julio. Pinché en «Seguidos» y empecé a buscar entre las fotos de perfil a la chica que le acompañaba el otro día. Se llamaba Vero Guerra. En su bio se leía: «El rival más difícil está en tu cabeza». ¡Noooo! Joder, frases motivacionales, no, qué puta grima. Pero ¿a qué se dedica esta tía? No podía creer que me hubiera suplido por una especie de jefa de planta de El Corte Inglés o aspirante a directora de Recursos Humanos de una multinacional. Tenía toda la pinta de usar tecnicismos en inglés y pronunciarlos como si hubiera nacido en Wisconsin.

Su Instagram olía a colonia de coco y universidad privada. Tenía toda la cara de hablar bajito, de no dejar que le comieran el coño a las seis de la mañana después de salir de fiesta y de chupársela a cualquier payaso que le prometiera trillizos y cocido los domingos con sus padres. Qué sopor. Eso sí, tenía buen gusto para las gabardinas. En una de las fotos llevaba una de color azul metálico que era preciosa. Le daba un aire aristocrático. La verdad era que yo debería quitarme el chándal de vez en cuando.

* * *

Como cada noche, el niño dormía, Sergio se metió en la cama y yo me eché el último cigarrillo del día antes de dormir. No iba a negar que esta vez la intención de echarme el *piti* iba más allá de absorber nicotina. El corazón me golpeaba el esternón con fuerza. ¿Estaría aquel tipo esperándome? Dejé encendida la luz del salón, porque quería que advirtiera mi presencia. Fue chasquear el mechero y correrse las cortinas del piso de enfrente. Allí estaba, de nuevo con la camisa abierta, pero sin fumar. Además de la tripa, me fijé en que le colgaban un poco las tetas. Era flipante. Si yo tuviera ese cuerpo no me hubiera mostrado a las bravas con la camisa abierta jamás. ¡Quién tuviera la autoestima de un hombre blanco adulto!

Me miraba fijamente con las manos apoyadas en el alféizar. No había duda, me había estado esperando. Contaba con unos diez minutos hasta que Sergio empezara a gritar mi nombre para que fuera a la cama, así que no perdí el tiempo. Apagué la luz, me coloqué unos centímetros más adentro para evitar miradas no invitadas, me abrí la camisa y saqué las tetas por encima del sujetador. Él se metió la mano en el pantalón y empezó a acariciarse. Tiré el cigarro, necesitaba las manos libres para manosearme las tetas mientras jugaba a no apartar la mirada con mi vecino. Israel, si no me había equivocado. Me bajé el pantalón del chándal y le enseñé las bragas. Ahora tenía el rabo fuera y se afinaba el ukelele con violencia.

—¿Qué haces?

La luz del salón se encendió de golpe. Sergio me atravesaba con la mirada y, por primera vez, había en ella desprecio.

4

Me hacía una ilusión de la Virgen, ¡mi primer Sant Jordi! Mi libro iba por la quinta edición. No se esperaban este éxito de la primera novela de una escritora prácticamente desconocida, así que me propusieron viajar a Barcelona el 23 de abril para firmar.

Me alisé el pelo, me pinté la raya del ojo, me puse un vestido bonito, cogí el AVE tempranísimo y me recogieron en la estación para llevarme a las carpas de la plaza Catalunya. Cuando llegué había dos sillas. Una de ellas estaba vacía. Miré el cartel y no di crédito. «Juan Sobreviela.» A tomar por culo.

Había bastante gente esperando. Cuando me senté en la silla, muchas de esas personas empezaron a aplaudir.

—Ay, ¿es a mí? Muchísimas gracias.

Joder, qué subidón. Pensé que toda aquella gente estaba esperando a Sobreviela, pero resulta que yo también tenía mi público.

—¡Hombre! Hola, Natalia, ¿cómo estás? Soy Juan.

Le di dos besos y esbocé una sonrisa más falsa que la de la Pantoja a la prensa. Dientes, dientes.

—Hola, Juan, ¡qué bien firmar juntos!

Dios santo, ¿por qué dije eso?

—Sí, tenía muchas ganas de conocerte.

Joder, éramos como dos comerciales de Herbalife, incluso resultábamos convincentes.

Claramente, nuestros públicos eran muy distintos. A él le llegaban familias que habían crecido con *Zarpazos* y querían que sus hijos lo descubrieran, pero apenas vendió un par de los nuevos. A mi vera llegaban chicas muy emocionadas y de mi misma edad. «Por favor, dedícamelo a las que gritamos. Me sentí muy identificada con lo que escribiste sobre eso.» «Puedes poner "antes muerta que fingir otro orgasmo".» Juan debía de estar pensando que de dónde habían salido todas estas poligoneras, seguramente flipaba con que leyeran y se estuviera preguntando cómo era posible que alguien como yo tuviera éxito. Lo que yo mascullaba era: «Jódete, a estas no te las puedes follar». Firmaba libros sin parar y me encontraba realmente feliz. Como cuando echaba un ojo a la cola no veía el final, intentaba ir más o menos rápido para que todo el mundo pudiera tener su ejemplar firmado. Sin embargo, me percaté de que Juan cada vez dedicaba más tiempo a cada persona. Les abría conversaciones absurdas sobre qué capítulo les había gustado más, preguntaba detalles sobre las personas a las que iban a regalar el libro, debatía sobre algún comentario de algo que había dicho en la radio y escribía casi medio folio antes de firmarlo.

—Perdonad. ¿Os puedo hacer una foto? —Era la fotógrafa de un medio de comunicación. La verdad es que dijo cuál, pero no me enteré.

—Estamos ocupados —contestó él sin apenas mirar a la fotógrafa.

—Sí, disculpa, estamos ocupados —agregué.

Sentí mucha rabia. La verdad era que me hubiera gustado posar junto a Juan, pero sabía que él no me veía como a una escritora, solo como a una choni venida a más. Seguramente se quejaría en un rato a Irene, nuestra editora, de que nos hubieran sentado juntos. Me habría gustado decirle que sus libros fueron importantes en mi desarrollo como lectora y que era un sueño firmar a su lado. Qué injusto es admirar a alguien que te desprecia. Ojalá la admiración desapareciera como los derechos humanos cuando gobierna la ultraderecha, así de sencillo. Me pasa parecido cuando me cae mal alguien a quien yo le caigo bien. Caí en la pereza que me producía ser simpática con las personas a las que menosprecio y me dieron ganas de llorar al ser consciente de que era exactamente lo que estaba pasando por la mente de Sobreviela.

«En fin, que le den. Al final solo es otro señor al que le jode que una chavala tenga más éxito que él. No hay más que ver su cara de circunstancias mirándome de reojo y la manera en que agita el boli al percatarse de que la cola es prácticamente mía. No solo está nervioso, está rabioso.»

Escuché a uno de los guardias dirigirse a la gente:

—¿Alguien más para Juan Sobreviela?

En ese momento entró Irene con cara de agobio, le dijo algo al oído y él se puso las gafas de sol. Se levantó y dijo un adiós general cuando ya estaba casi saliendo de la caseta.

Guau. Evidentemente alguien con el nombre de Juan no se iba a quedar de brazos cruzados mientras su compañera de carpa seguía firmando sin parar. Era una estampa complicada para un escritor de prestigio. Señor 0 – Cani 1. Y seguí a lo mío con una sonrisa en la boca.

* * *

No tenía ninguna gana de llegar a casa. Había sido un día muy largo, ida y vuelta de Barcelona en el mismo día, y estaba agotada. La noche anterior, entre unas cosas y otras, me había escaqueado de tener que darle explicaciones a Sergio y por la mañana me había marchado antes de que él despertara. Pero ahora sabía que, aunque fuera tarde, estaría esperándome, despierto. Y que me iba a montar un pollo monumental. Como también sabía que ahora no tenía claro si realmente quería dejarlo con él. Soy la gata flora, si se la meten grita y si se la sacan llora. Así que no esperé más y fui para allá. Con suerte, pillaría a Leo despierto y podría abrazarle.

—¿Me vas a explicar ya qué hacías en la ventana o vas a seguir dando largas?

—Anda que me preguntas algo de Sant Jordi. Me ha ido muy bien, por cierto.

—Que no desvíes. ¿Qué coño hacías en la ventana?

—Pero si es que ya te lo he dicho. Que me dio el airecito y me entraron ganas de masturbarme, si es que no hay más.

—¿En la ventana? ¿Y si te ve alguien?

—¿Qué pasa, que la gente no se masturba?

—Pero ¿eres gilipollas o qué? ¿Por qué me tratas así?

—¿Así cómo, Sergio? Por favor, para ya.

—Como si fuese imbécil.

—No te trato como si fueses imbécil.

—Lo he intentado todo, Natalia. No puedo más.

Quise decirle algo. El primer impulso fue mentirle y decir que estaba equivocado. Después pensé que quizá lo más adulto sería reconocer lo sucedido, pedir perdón y esperar que lo aceptara. Me sentía paralizada. Realmente no tenía nada claro. Ni siquiera sabía si esa disculpa, que era consciente de que se merecía, iba referida a haberle engañado, a haberme desenamorado o a las dos cosas. Finalmente, solo me salió abrazarle y llorar.

Esa noche vimos la tele cogidos de la mano. Él durmió al niño mientras yo actualizaba mi Instagram y nos prometimos una última oportunidad. Durante la pausa de *Mask Singer* emitieron el anuncio de una colonia con un chico jovencísimo y bellísimo revolcándose por la arena de una playa escondida con cara de haber chupado limones. Una chica igual de bella y aún más joven lo rescataba de su soledad en una barca y juntos buscaban tierra después de haberse rociado con perfume de trescientos euros el mililitro. Aquel modelo me recordaba mucho a Julio. Y el anuncio, al día en que nos conocimos.

* * *

Fue en verano, la estación en la que pasan todas las cosas verdaderamente importantes de la vida. Como siempre, habíamos subido a Asturias, al pueblo de mi padre. Allí llueve con frecuencia, así que, en cuanto sale un rayo de sol, nos tiramos a la playa como guiris ingleses. Los grupos de WhatsApp de amigos y veraneantes se llenan de fotos del cielo abierto y mensajes alertando de coger el bañador. Nos montamos en los coches y nos fuimos de excursión a la playa de uno de los pueblos contiguos. Éramos unas doce personas entre parejas, hijos propios, hijos de amigos que no venían a la playa, pero a los que llevábamos nosotros, y parejas de los hijos e hijas adolescentes. Después de la siesta de rigor, alguien propuso jugar al balón prisionero. ¡Me chifla el balón prisionero! O nuestra versión del balón prisionero. Hay una máxima en las reglas de los juegos populares que es «en mi pueblo se juega así». Nuestra manera es la siguiente: se dibuja un rectángulo amplio en la arena, del tamaño de un estudio de mil pavos en el centro de Madrid. Todos nos metemos dentro, salvo dos personas que se colocan en un extremo y en el otro. Estos dos jugadores tratan de golpear con un balón a los que estamos dentro. Si nos toca en cualquier parte del cuerpo, quedamos eliminados y salimos del rectángulo. Nos posicionamos en los extremos y pasamos a ser también lanzadores. Gana quien consiga esquivar los balonazos y quedar solo en el interior de la cancha. Pues bien, mientras corríamos de un extremo a otro sorteando pelotazos, Julio, el novio de la hija de unos amigos, me agarró para colocarme delante del lanzador y que pudieran eliminarme. El chaval repitió la jugada con su novia y el marido de una de mis amigas. Todos reíamos. Especialmente cuando su táctica se volvió en su contra y el balón le golpeó a él en vez de a la persona que trataba de eliminar.

Me gustó de locos verme sorprendida por unos brazos fuertes que me levantaban en el aire. Noté su piel caliente por el sol y el aliento de su risa en mi nuca. Deseé que volviera a hacerlo. Por eso insistí en echar una partida tras otra. La estampa, desgraciadamente, no se repitió, así que tomé la iniciativa. Esta vez era yo la que empujaba a nuestros amigos a la eliminación. Primero lo hice con mi marido, después con una amiga y finalmente con él. Me pegué a su cuerpo por la espalda, rodeándole la cintura con los brazos. Intenté levantarlo para acercarle a la línea, pero no fui capaz de moverlo ni un ápice. Es más, se giró rápidamente, forcejeamos entre risas y me colocó en primera plana. Me eliminaron, pero no podía parar de reír. Hacía tiempo que no me sentía tan feliz.

—¿Quién quiere una sidrina? —Traje tres botellas del chiringuito que fueron recibidas con aplausos—. ¿Quién escancia?

Entre culín y culín, examinaba las facciones del chaval que había captado mi atención. Se sabía guapo. Se acariciaba el pelo, gesticulaba mucho y colocaba los brazos en posiciones estudiadas que hacían resaltar sus horas de gimnasio. La novia le daba piquitos y se apoyaba en su pecho. En un par de ocasiones me dio la sensación de que me miraba de reojo. Sentí que quizá me estaba canteando y que se había percatado del escáner que había realizado sobre su persona.

Estaba a punto de ponerse el sol, así que empezamos a recoger el chiringo. Nos dividimos en los coches y uno de los niños que había venido con nosotros nos pidió volver al pueblo en el maletero. Es una coñita que se hace con frecuencia. Por lo que sea, a la chavalada le hace gracia hacer trayectos cortos encerrados atrás. «Mi padre me lleva siempre ahí en la vuelta, porfa, porfa.» ¿Por qué no? Así que íbamos en nuestro coche Sergio y yo, Julio y su novia, mi hijo y Jordi, el niño del maletero. Nos reíamos sin parar y le preguntábamos de vez en cuando que cómo iba. Cantábamos *Despacito* a grito *pelao.* La poníamos en bucle una y otra vez.

—Hostia —dijo Sergio.

—¿Qué pasa? —Miré al frente y vi a una pareja de guardias civiles haciendo un control. Uno de ellos llevaba una metralleta—. Ay, ay, ay, que la hemos *liao.* Pero ¡por qué todo nos pasa a nosotros!

—¡No hagas aspavientos raros, que se van a dar cuenta!

—¡Vosotros dos, ni una palabra! —ordené con tono militar—. Y daos besos, que el amor juvenil siempre genera ternura.

Mi hijo, con un año recién cumplido, chupaba gusanitos y hacía aspavientos con las manos.

—No hagáis ni caso... —dijo Sergio—, y tú no te pongas nerviosa y largues, que te conozco y lo cascas todo. No va a pasar nada.

—¡Empezad a morrearos, pero ya! Y, Jordi, ¿me oyes?

—¡Sí, Nati!

—Está la policía fuera. No puedes hacer ruido, mi vida.

—Vale, vale —contestó con tono entrecortado.

—Hablo yo —dije dirigiéndome a todo el coche—. Sonríe, Sergio. Y, vosotros —Miré por el espejo retrovisor y ya se estaban haciendo arrumacos—, perfecto.

Llevábamos a un niño que no era nuestro en el maletero y un guardia civil con una metralleta en la mano nos indicaba que parásemos en el arcén. Me acordé de aquellos programas americanos en los que los polis primero disparan y luego preguntan. De verdad que se me puso el coño de pajarita. Bajé la ventanilla.

—Buenas tardes. —Sonreí.

—Buenas tardes. Los papeles, por favor.

Sergio le dio los papeles del coche. El tipo los cogió y echó una mirada al asiento de atrás.

—Vamos a San Juan de la Arena.

—¿Y de dónde vienen?

—De la playa del Aguilar.

—Perfecto. —Nos devolvió los papeles—. Pueden seguir.

El coche estaba en completo silencio y en cuanto cruzamos la esquina estallamos en carcajadas nerviosas: «Buah, qué mal lo he pasado», «Me he visto durmiendo en el calabozo», «Tengo las palmas de las manos como una pared de gotelé».

—¡Jordi! —Me giré hacia el asiento de atrás—. ¿Cómo estás, cariño?

—¡Bien! ¡Aunque quise estornudar y tuve que morder el paraguas para no hacerlo!

Soltamos una carcajada al unísono.

—¡Ni una palabra a tu padre de esto, por Dios!

Subimos la radio del coche y volví a poner *Despacito.*

Cuando llegamos a casa, Leo cayó rendido en la cama. Estaba cachonda como una perra. Sergio y yo follamos como si fuera la primera vez. Recuerdo que las manos del muchacho agarrando mi cintura pasaron por mi cabeza en varias ocasiones mientras cabalgaba a mi marido. Me corrí dos veces. Sin duda, aquel había sido uno de los mejores días de mi vida.

* * *

—¡Anda! ¡Si Plátano es el de Taburete! —me dijo sorprendido Sergio, que no apartaba la vista de *Mask Singer.*

—Vaya, qué fuerte.

El recuerdo de aquel día me tenía inquieta. Necesitaba volver a la ventana. No podía evitar levantarme disimuladamente a mear, a por agua, a por las gafas, a por una manzana, a por cualquier mierda que me permitiera echar un ojo y comprobar si mi vecino andaba buscando una nueva cita.

—¿Quieres estarte quieta? Venga, relájate.

—Ya, ya. Es que no encuentro una goma del pelo y me molesta para ver la tele.

Pasó una media hora cuando de pronto sentí que la persiana de enfrente se levantaba. Empezaron a sudarme las manos. Quería intentarlo con Sergio, pero también me daba miedo que aquel hombre pensara que ya no quería verle más y no volviera a acudir a nuestros encuentros improvisados.

—Cariño, ¿qué te pasa? Te noto inquieta.

—Que entra luz de la farola y me molesta en la tele. —Me prometí a mí misma que me iba a portar bien y a la vez me estaba levantando a decirle a aquel desconocido que seguía disponible—. Voy a correr las cortinas.

Ahí estaba de nuevo. En bata y fumándose un cigarro. Le miré fijamente a la vez que corría las cortinas. Lo hice despacio y sin quitar la mirada, necesitaba que interpretara que quería, pero que en ese momento no podía ser.

Me senté en el sofá y me juré y perjuré que no volvería a hacer nada. Madre mía, qué gilipollas el puto Yoda con la mierda esa de «Hazlo o no lo hagas, pero no lo intentes». A lo mejor Terminator puede permitirse hacerlo o no hacerlo. Los demás mortales a veces necesitamos intentarlo, como el yonqui necesita morfina para desintoxicarse. Solo los psicópatas y los hijos de los ricos van con todo pensando que solo existe una única oportunidad. El resto necesitamos intentar las cosas para asegurarnos de que son viables, para afianzar la autoestima y confiar en que somos capaces. También es que imagínate tomarte en serio los consejos de un mono verde, pues no sé. Prefiero a Moquete. Soy más de dejarlo todo pringoso que de ir en kimono y meditar mirando al sol. En fin, no sabía si lo iba a hacer o no, pero esta vez lo iba a intentar de verdad.

5

Odiaba profundamente acudir a las reuniones del colegio, pero no estaba la cosa con Sergio para forzar. Si quería que pensase que me iba a tomar en serio nuestra relación, lo mínimo que podía hacer era esforzarme en compartir las cargas de nuestro hijo. Al menos los primeros meses, aunque fuera por disimular. Así que ahí estaba yo, sentada en una silla del tamaño de un enanito junto a otros veinte madres y padres en la clase de Educación Infantil A del colegio Beata Filipina. Me sentía bastante ridícula con las rodillas tan cerca del pecho; más que una reunión de familias, parecía que íbamos a hacer caca en el campo. ¿Esta gente no tendrá un salón de actos para estas cosas, que nos tienen que reunir en la casa de Pin y Pon?

El bedel barría el pasillo y fijaba su mirada en las caras de cada uno de los asistentes de la reunión a través del cristal. Al contrario que la profesora, que evitaba el contacto visual con cualquiera de nosotros girándose siempre hacia la pizarra o dirigiendo la vista a los papeles que tenía en la mano como si fuera siguiendo un guion.

—En este trimestre, vamos a enseñar a los niños a abrocharse los zapatos y a limpiarse los moquitos ellos solos. ¡Va a ser tan emocionante!

Había una madre a mi lado que estaba cogiendo notas. ¡Cogiendo notas de que a su niño le iban a dar un paquete de clínex! Lo único que yo pensaba en ese momento era que ojalá alguien me metiera la mano en el pecho y me arrancara el corazón. ¿Por qué nos contaban eso? ¡Que tenían seis años, joder! Que llegue un día el niño sabiéndose abrochar los zapatos y limpiarse los mocos y listo. La pava que estaba tomando notas levantó la mano.

—Soy Carlota, la madre de Mariola. ¿Traemos pañuelos de tela para que no se hagan daño en la nariz?

Otra madre alzó la voz:

—En ese caso deberíamos bordar su nombre para que no se confundan entre ellos, ¿no?

—Quizá los de papel sean más higiénicos. Los hay que son bastante suaves —dijo otra.

—Ya, pero esos cuestan un dineral... —comentó una más.

—Hija, que estamos hablando de tres euros como mucho —se unió otra madre a la discusión.

«Dios mío, todo el trabajo atrasado que tengo y estoy aquí presenciando un congreso patrocinado por Scottex.»

—Mi hijo ya se los limpia en la camiseta, así que cualquier servilleta, como si es de bar, me va a venir bien —añadí.

Carlota me miró con cara condescendiente. Una señora que tomaba notas sobre lo que su hija iba a aprender en el colegio me miraba con cara condescendiente. Ella a mí.

«No digas nada, Nat, por favor. Por favor, te pido que sigas callada y esperes a que esto termine.»

—Ponlo en tus apuntes, ¿vale? Las servilletas del bar de abajo valen. Luego me dejas fotocopiarlos, que se me olvidó traer el boli.

Un murmullo empezó a recorrer toda el aula. Todas las madres y los dos padres que estábamos allí reunidos sintieron la necesidad de dar su opinión sobre qué tipo de pañuelos serían los mejores para que nuestros hijos aprendieran a limpiarse la nariz.

—Chicas, de verdad, nosotros les vamos a dar los pañuelos, no os preocupéis por eso.

—Chicas y chicos, que aquí estamos dos padres también —dijo uno.

—Que sí, que ya te vimos —contestó Carlota sin mirarlo a la cara y garabateando en su libreta.

Uy, no me esperaba eso de la madre empollona. De repente me cayó bien.

—¿Disculpa? —se giró el padre hacia ella.

—Que si somos todo madres, no pasa nada porque diga «chicas» y te sientas incluido.

—Luego querréis que más padres hagan cosas, si nos excluís…

—¡Ah, vaya! Que los padres no se hacen cargo de las cosas del colegio de sus hijos porque la maestra dice «chicas». ¡Haberlo dicho antes! Por favor, a partir de ahora habla siempre en masculino —le pedí a la profesora.

—Pero ¿usted quién es? —me espetó.

—Tu peor pesadilla. —Y me entró la risa floja.

—Eso ha sido de flipada, pero me ha encantado —me dijo la madre empollona por lo bajinis.

—¡Por favor, vamos a continuar! De verdad, padres y madres, tenemos que continuar. —La profesora estaba sudando más que en clase de *spinning*.

La salida del aula fue un poco violenta. Hablábamos en corrillos, se notaba de sobra quién era amiga de quién.

—Al padre de Carlos le acaba de dejar su mujer. Está superresentido, por eso sale siempre con esas tonterías —me cotilleó Carlota.

—¿El padre de Carlos es don Invisible? —pregunté interesada.

—Sí, ese. —Las dos reímos—. Imagino que tú eres la madre de Leo. ¿Cómo es que no ha venido Sergio?

Madre mía, pero esto es una portería.

—¡¡¡DIOS!!!

El bedel se había chocado con Carlota y había derramado sobre ella un café recién hecho. Mi cazadora vaquera estaba toda salpicada.

—¡¿Pero es que aquí nadie mira?! —grité enfadada.

—Perdonad, pero ¿qué ha pasado? —interrumpió la profesora.

—Disculpad, iba corriendo al piso de arriba…, ha sido sin querer…

—No pasa nada, así llevo la calefacción integrada —contestó Carlota.

—«No pasa nada» si salen. Entonces no pasará nada —contesté seria.

—Eso en la lavadora con un poco de bicarbonato se va sin problemas. De verdad.

—Eso espero.

Decidí que no volvía a una reunión del colegio. Si hubiera querido ir al circo, me habría hecho payasa.

* * *

—Nati, te ha llegado eso de Amazon.

Abrí el paquete y *voilà*. Ahí estaba mi gabardina azul metálico nuevecita.

—Mira, Sergio, ¿te gusta?

—Me gusta, pero no te pega, ¿no?

—¿Por qué no?

—Es como muy pija, no sé.

—¡Qué va a ser pija! Es preciosa. Las marcas de café de la cazadora no se me han ido bien, se ha quedado como sombreado, así que apañado.

6

Cuando vivíamos con mis padres, mi hermano mayor y yo pasábamos muchos fines de semana solos. Recuerdo que montábamos unas fiestas increíbles. También recuerdo que tardábamos veinte horas en recogerlo todo y que lo hacíamos tan bien que a veces nuestros padres sospechaban al ver lo limpia y recogida que estaba la casa.

—Nat, el fin de semana que viene, papá y mamá se van al pueblo.

—Ya.

—¿Hacemos una fiesta?

—¿Y a quién invitamos?

—Yo, fijo a mis amigos. Tú, a quien quieras.

Estábamos jugando a la Master System 2 y no despegábamos la vista del televisor.

—¿Y a qué amigos invitarías?

—Pues a Miguel, a Pablo, a Álex, al Hormiga, al Cisne, a Luis…, a los de siempre, vaya.

Cuando escuché el nombre de Álex, la saliva se me amontonó en la boca.

—Vale, se lo diré a mis amigas.

Álex era un guaperas, uno de esos chicos de pelo castaño peinado con una media melena brillante que escuchaba a Nirvana y sabía tocar la guitarra. Además, era un tío listísimo. Sacaba unas notas increíbles y decía que quería ser arquitecto. Todas las del instituto estaban por Álex. Yo no era una excepción. *A priori* la gente pensaría que no tenía ninguna opción con él, pero la esperanza es lo último que se pierde y sabía cómo eran las chicas que le gustaban: escuchaba cómo hablaba de ellas con mi hermano cuando venían a casa a jugar a la consola y sabía con quiénes se había liado. Yo tenía ni más ni menos que dos cosas en común con todas: las tetas grandes y menos edad que él. No todo estaba perdido.

—¡Gente! ¡Es la última cerveza! Alguien tiene que ir a por más —grité.

—¡Echo un meo y voy yo! —contestó Álex.

—Si quieres, te acompaño —repliqué envalentonada por el alcohol.

—Nah, tranqui. Si está el chino al lado, tardo nada.

Había sido un buen intento y tenía claro que no sería el último. Me había puesto guapísima a conciencia. Llevaba vaqueros y un escote que dejaba ver la mitad de esos melones regalo del señor. Me había trenzado el pelo, me había pintado los labios de rojo y una raya negra que ya quisiera Amy Winehouse. Aquella iba a ser mi noche. Vi como Álex entraba en el baño y me fui detrás. Me coloqué las tetas y abrí la puerta como si no me hubiera dado cuenta de que estaba ocupado.

—¡Ay, Álex, perdona!

—No te preocupes, pasa.

«¿Pasa?» Dios mío. El corazón me golpeaba más fuerte que cuando levantaba pesas de ochenta kilos en el gimnasio. Cerré la puerta y me quedé parada esperando órdenes.

—Echa el pestillo y ven aquí.

Estaba flipando, sabía que aquel pintalabios funcionaría. Me acerqué decidida a besarlo, pero él se apartó y me presionó los hombros para que me pusiera de rodillas. Me cogió de la mandíbula y, sin mediar palabra, me metió la polla en la boca. Lo miré con los ojos muy abiertos, sin entender cómo había llegado a esa posición. Álex se sujetaba la camiseta con la barbilla, me follaba la boca y me manoseaba las tetas.

—No te muevas, que acabo en nada.

Emitía pequeños gruñidos que poco a poco dejé de escuchar. No veía nada, no sentía nada. Solo me agarraba a sus tobillos con fuerza y apretaba la lengua contra la garganta para que no me ahogara. Empecé a mostrarme motivada y a ponerle interés, necesitaba que acabara cuanto antes para poder salir de allí. Funcionó. Álex me agarró la cabeza con las dos manos y apretó hasta unir el pubis con mi boca. Se corrió gimiendo como un cerdo. Me dieron arcadas. Me aparté de golpe, empecé a toser y expulsé parte de la corrida por la nariz.

—Buah, tía, perdona. Que me he emocionado. ¿Esto era lo que querías, no? Voy a por la cerveza.

Volví a echar el pestillo. Me miré en el espejo. Tenía el pintalabios corrido y restos de esperma por la barbilla.

Mientras me limpiaba, un único pensamiento me golpeaba: «¿Era esto lo que quería?».

Cuando salí del baño, Álex ya había vuelto con la cerveza. Me acerqué a él, necesitaba hablarle, aunque no tenía claro de qué.

—Álex, perdona…

Él pasó de largo, como si no me hubiera visto ni escuchado. Me quedé plantada en mitad del pasillo y pensé que lo más inteligente sería abrirse otra lata y seguir con la fiesta. Guille, mi hermano, me interceptó antes de que pasara al salón.

—Nat, ¿crees que a Lorena le molará Álex?

—¿Cómo?

Guille pensó que no le había oído bien, porque la música estaba muy alta. Así que me lo repitió elevando el tono.

—A tu colega, Lorena. Que si crees que le molará Álex.

—Yo qué sé.

—Cómo que tú qué sabes, ¿no habláis de estas cosas las tías o qué?

—Sí, pero ahora no caigo en que Lorena haya dicho nada de Álex, la verdad.

—Pregúntale que si quiere con él, anda.

—¿Perdona?

—Tía, ¿estás sorda? Que le preguntes si quiere con él. Si te dice que sí, ya le digo yo que puede entrarle sin problemas.

Ante todo, no quería que nadie sintiera pena de mí ni que me miraran como a alguien a quien han herido o humillado. Así que tragué saliva y accedí. Media hora después, Álex y Lorena se estaban revolcando en el sofá del salón. No derramé ni media lágrima, ni esa noche ni a la mañana siguiente, y oculté aquel día para siempre entre otros recuerdos que también habían sido desterrados al olvido. Eso sí, una semana después compré un espray en el chino y escribí en la pared de su edificio: «Álex, putero y violador». Nadie supo nunca quién ni por qué lo había escrito.

7

Tres de mayo. Era su cumpleaños. «¿Debería escribirle?» Después de tantos años, por mucho que la historia fuera solo de puertas para adentro, creía que lo mínimo que podía hacer era felicitarle.

> Hola, Julio. Feliz cumpleaños!!!
> Espero que te lo pases muy bien

Pensé. Respiré.

> Qué tal te va?

Borré antes de mandar. Volví a escribir.

> Qué tal te va?

Lo valoré una vez más. Pulsé enviar. Solté el móvil.

Mi corazón se había acelerado y de inmediato me dispuse a mandar un wasap al grupo de amigas para quedar a tomar algo. Era mejor pasar la tarde distraída, sin tener que mirar el teléfono. De repente, sonó. ¡Me había contestado! No esperaba que fuera tan rápido.

Hola, Nati. Mi cumple es mañana

Jajajajaja

Pues muy bien

Qué tal te va a ti?

Debían de haber pasado unos dos meses desde que le vi por última vez, en la cervecería de Callao. Quizá ocho desde que crucé la última palabra con él.

La verdad es que no me puedo quejar

He pensado varias veces en escribirte para preguntarte qué tal, pero al final entre el niño y el curro se me ha pasado

Mentí. Era práctica. Tendía a irme de los sitios en los que sabía que no era bien recibida. No me consideraba alguien conformista, pero lo que no hacía era invertir tiempo y esfuerzo en llamar a la puerta de una casa donde claramente no habitaba nadie.

Oye, entro a trabajar a las siete. Quieres tomar una cerveza antes?

Hostia. Ese mensaje sí que no esperaba leerlo. Hostia.

—¿Hola? —Sergio y el niño acababan de entrar en casa.

—Hola, mi vida. —Besé y abracé a mi hijo y besé también a Sergio—. Justo me pillas que iba a salir a dar una vuelta. Llevo todo el día escribiendo y tengo la cabeza como un bombo. A las siete como tarde estoy aquí.

—Genial, ¿quieres algo en especial de cenar?

—Lo que tú quieras.

Mientras bajaba la escalera, mandé otro mensaje.

Chicas, al final no puedo esta tarde que tenía una cosa del niño y se me había olvidado

* * *

Mientras le esperaba, cotilleé de nuevo el perfil de Verónica en Instagram. De hecho, se había convertido en una rutina. Lo hacía cada vez que abría la aplicación. Ahí estaba ella con su gabardina azul, sus pómulos pronunciados y, en su última publicación, también con Julio. Tenía una cara que parecía esculpida. Esos pómulos majestuosos a lo Gwyneth Paltrow le daban apariencia de pertenecer a una familia de varias generaciones que no habían pasado hambre. Aparecían sonriendo en las gradas del

Santiago Bernabéu con el texto «¡Hala, Madrid!» y dos corazones. Él llevaba su chupa de cuero y se veía debajo la camiseta de la equipación del Real Madrid. Sentí envidia y grima a la vez. Quería estar allí con él y al mismo tiempo prefería que me vaciaran las cuencas de los ojos, me echaran tabasco, me cosieran los párpados y tuviera que ganarme la vida haciendo malabares con mis globos oculares en los pasos de cebra antes que ir a un partido de fútbol cogida del brazo de un señor.

«¡Qué vergüenza! Imagínate que esa es la primera foto que decides subir para presentar digitalmente a tu nuevo churri. "Si es que no hay duda, joder, a ti te quedé grande y por eso estás con una igualita que tú."»

—¡Hombreeeee! ¿Cómo estás? —Apareció en la mesa donde estaba sentada. Me abrazó.

—¡Julio! Pues muy bien, ¿y tú? —Le devolví el abrazo con una sonrisa.

Tomó asiento, levantó la mano y pidió una cerveza al camarero.

—Ay, Nati, me alegro muchísimo de verte.

«Un brindis por todas esas personas que hemos aprendido a disimular la gangrena emocional con un vaso de vino en la mano.»

—¡Lo mismo digo! —Sonreí alzando el vaso. Estaba igual de guapo que siempre. Charlamos un rato largo sobre el trabajo y las cosas que nos habían pasado en estos meses. Finalmente me decidí a lanzar la única pregunta que me interesaba hacerle—. Entonces, ¿andas con alguien? —Bebí para tapar el vértigo.

—Sí, llevamos ya unos meses.

Me dijo aquello asintiendo victorioso. Sentí la satisfacción de quien lleva tiempo ansiando una muñeca que coger del brazo y presentar a sus padres. La felicidad de abrir la caja del AliExpress y que sea exactamente lo que pediste en AliExpress, eso mostraba cada uno de los gestos de su cuerpo cuando hablaba de ella. No era amor, era solo un tipo cansado de ser el único soltero de su grupo de amigos. Alguien que había cazado una buena pieza para degollar y colgar en el salón de su casa de campo y que todo el mundo al entrar preguntara si era suya. Ese pecho hinchado, esa fanfarronería al reconocer lo mucho que le costó conseguirla es lo que destilaba su media sonrisa al referirse a ella.

—Qué bien.

—¿Sabes? Tiene tu misma gabardina. He flipado cuando te he visto con ella.

—¡Qué casualidad!

—Oye, me tengo que ir. Tengo la moto aquí. Si quieres, termínate la cerveza y te acerco a casa, que me pilla de camino.

—Genial, me haces un favor.

* * *

Cuantísimo echaba de menos abrazarle. Aunque fuera a ochenta kilómetros por hora, encima de una moto y con los cascos puestos. Movía los dedos disimuladamente para palpar su abdomen, para acariciarle de manera imperceptible. Reposé mi cabeza en su hombro con la excusa del miedo. Ya casi había olvidado el olor de su cuello, qué pena que el casco no me dejara inhalarlo en condiciones. No usaba colonia, yo tampoco. Me gusta el olor de la carne, me gusta saber cuál es el aroma real de los cuerpos que amo. Me encanta la fragancia nueva que surge después de dormir juntos bajo el mismo edredón o follar sudando a mares en una tarde de calor madrileño. Cuántas veces nos habíamos quedado descansando en la misma posición en la que nos encontramos ahora, solo que en horizontal. La cucharita motera. Quería que el camino a casa fuera interminable, pero no podía ser. Sin duda, estos habían sido los mejores diez minutos de los últimos meses.

—¿Dónde te dejo?

—Entra por esta calle.

—¿No es muy cerca de tu portal?

—Me da igual.

Paró la moto y nos bajamos. Al quitarme el casco, no pude evitar romperme. Además de las lágrimas, dos velas de nazareno pasaban de la nariz a la manga de mi gabardina sin ningún tipo de decoro. Sollozaba desesperada como el niño al que le han robado un juguete y su madre insiste en que tiene que aprender a compartir.

—Nati, no… —Me abrazó.

—Lo siento, de verdad. No puedo evitarlo.

Y ahí estaba. A pocos metros de mi portal, a la hora en que muchos padres vuelven con los niños del parque a casa, abrazada a un tipo que no era mi pareja.

—Dame una última oportunidad.

—Nati, ya te he dicho que estoy con otra persona.

—Pero a mí eso me da igual. También yo estaba con otra persona todo este tiempo. Es lo justo. —Costaba entenderme. Hablaba sorbiendo las lágrimas y sudándome el coño que cualquier conocido pudiera irrumpir en escena.

—No puede ser. Venga, deja de llorar.

—Pero ¿por qué no? ¿Por qué? —insistía con el ceño fruncido y los ojos rojos.

Sabía de sobra que pedirle a alguien llorando que volviera contigo era la mejor manera de alejarlo para siempre de tu vida. Nadie se siente atraído por otro alguien que le genera lástima.

—Si vuelves conmigo, subo ahora mismo, dejo a mi marido y me compro una casa. En cuatro meses estamos viviendo juntos. Te lo juro, Julio. Te lo juro. Por favor, dame una oportunidad más —supliqué con la cara pegada a su pecho y agarrando su sudadera con los puños cerrados.

—Nati, me tengo que ir a trabajar.

—OK.

Y me di la vuelta con paso firme y rápido. Saqué la llave y entré en el portal. No volvería a dirigirme a él nunca más. Ya me había arrastrado lo suficiente.

Estaba pagando el precio de lo que supone bajar la guardia. Y a ese puto ascensor lo había llamado hacía dos años y no bajaba. Taladré el botón de la flecha hacia abajo durante más de un minuto y con violencia hasta que me partí una uña. CRASH. Media luna de carne viva quedó al descubierto y no supe si tirar del cacho que se había quedado agarrado por unos tres o cuatro milímetros a la falange. Me llevé el dedo a la boca, saboreé la sangre y succioné clavando los dientes en la yema. Tenía sed, necesitaba beber y no sabía qué cojones estaban haciendo con el ascensor, que seguía bloqueado. La sangre me calmaba, pero no me saciaba. Estaba sudando como si me hubieran dejado abandonada en una autopista madrileña un quince de agosto y tuviera que volver caminando a casa. Agarré con los dientes el cacho de uña que ya no me pertenecía y tiré. Se me desgarró la piel, pero no sentí ni pizca de dolor, solo sed. Tenía la boca pastosa y cada vez más sed. A tomar por culo el ascensor. Ya no quería aparecer en el salón de mi casa con la cara hinchada y despechada. Volví a salir, Julio ya no estaba allí, y entré en el primer bar que vi abierto.

—Un tercio, por favor.

Casi me lo bebí en cuatro tragos, mirando la mierda que se acumulaba entre las botellas de las estanterías.

—Ponme otro.

Observé al camarero. Un tipo como de cuarenta y muchos mal llevados y con unas bolsas en los ojos que parecían riñoneras.

—¿Tú me follarías?

Se giró hacía mí. Sonrió de medio lado y no contestó.

—¿Por qué no me contestas? —insistí muy seria.

—Anda, tómate tu cerveza tranquila.

—Estoy muy tranquila. ¿Te doy miedo o qué pasa? No creo que te hayas podido follar a muchas tías como yo —repliqué en tono vacilón.

Rio de nuevo.

—¿De qué coño vas? ¿Quién cojones te has creído? —Me quitó el tercio—. No me das miedo. Me das pena. Fuera.

—No me da la gana, ponme otro.

—Fuera —repitió en el mismo tono y sin girarse.

—Que me pongas otro.

—En mi bar mando yo. —Se giró hacia mí—. ¿Qué te crees? ¿Que porque cuatro gilipollas te hayan comido el culo por ser medio guapa y hablar como si supieras de algo, puedes ir por ahí haciendo de menos a la gente? En mi bar, desde luego, no. Fuera. No te lo digo más.

Y me dio de nuevo la espalda. Me levanté y me fui. Al menos, el tercio me había salido gratis.

Tenía cuatro llamadas perdidas de Sergio y como quince wasaps preguntando que dónde estaba, si estaba bien y si iba a ir a cenar. No contesté.

Entré en el Queens, un garito al lado de la estación de metro de Aluche. Sonaba Karol G y había bastante gente bailando y tomando algo. Odio Madrid de día, pero no hay una ciudad mejor por la noche. Da igual qué día de la semana sea y la hora que sea, siempre hay un local con barra y clientes dispuesto a curarte las penas. Bueno, no odio Madrid. Tengo una relación extraña en la que yo puedo decir mil mierdas de ella, pero si lo dice otra persona que no es de aquí, le insto a que se lave la boca con jabón antes de despotricar de esta ciudad. Chorradas.

Tres copas después estaba yo sola perreando en mitad del garito llamando tristemente la atención. Me metí en un grupo de chicas y junté mi copa con la de una de ellas: «¡Por nosotras!». Debí de calcular mal la fuerza, porque su cubata acabó estampado contra el suelo.

—Perdón, perdón, te pago otra.

—Es suficiente con que te pires de aquí —me dijo una de ellas empujándome fuera del grupo.

Seguí bailando. Me acerqué por la espalda a un chico guapísimo. Le agarré el pecho con las manos y apoyé la cabeza en su hombro. Como si fuese de paquete en su moto, pero está vez al ritmo de Tokischa. Apretaba mi pelvis contra él y cantaba a gritos «¡Tengo un delincuente en mi habitación, a veces me la mete al pelo y a veces con condón!». Cuando me quise dar cuenta, una chavala me agarró del hombro y me separó con rabia del maromo. Tropecé y me caí al suelo.

—Es mi novio. —Y me dio la espalda. Se abrazó a él y me miró desafiante.

Me levanté y, sin mediar palabra, le di un bofetón de esos que te hacen mearte de la risa si te lo emiten a cámara lenta.

—Como si es el papa, puta.

Me agarró del pelo y zarandeó mi cabeza sin ritmo ni objetivo. Entre la borrachera y el mareo, podía hacer poco más que intentar soltarme. No recuerdo muy bien cómo, uno de sus puños se estampó en mi nariz y empecé a sangrar.

—¡Basta ya, tía, no ves que está borracha! ¡Por Dios, solo estaba bailando! —reprendió el chico a su novia.

Se quedó de pie mirándome y respirando fuerte. Me pareció bastante sobreactuado, la verdad. La borrachera me bajó de golpe. Pedí disculpas entre dientes y me fui avergonzada al baño a limpiarme la sangre.

Por favor, diosito, que mañana no tenga ningún moratón raro en la cara.

—Oye, disculpa. —El novio de la colega entreabrió la puerta del baño.

—No puedes entrar aquí —dije sin más ganas de fiesta.

—Bueno, si tú no dices nada, sí que puedo.

Me cogió de la mano y me metió dentro de uno de los váteres. Me agarró por la cintura y me habló con la boca a unos milímetros de la mía.

—Mi chica es muy celosa, ¿sabes?

Me besó, me metió la mano en las bragas y, aunque me dejé de primeras, flasheada por la cara dura del tipo, juro que pensaba en la poca vergüenza que pueden llegar a tener. Es que ni siquiera podía echarle la culpa al alcohol. Ese pavo estaba más sobrio que un recién nacido. Simplemente se la sudaba. Debía de ser que le había puesto cachondo que su novia se comportara como una señora del siglo II defendiendo a su hombre. Qué cosa más patética.

—Uy, qué mojadita, estás…

—Y más que voy a estar. —Cerré los ojos y me concentré.

—Hostia… ¿Qué cojones es esto?

—Pis.

Le dejé la mano, el brazo, el jersey y parte del pantalón bien regaditos. Me abroché los pantalones y salí corriendo del baño mientras él me dedicaba toda clase de insultos. Había sido muy valiente, pero no tenía ninguna intención de llevarme otra hostia.

Abrí los ojos en el metro y me sentí completamente desorientada. ¿En qué momento había dejado el barrio? Recordé pensar en mitad de la noche, entre el incidente de mearle al tío asqueroso y un cigarro en la puerta del garito, que mejor largarme de allí. No quería que alguien que tuviera relación con la clase de mi hijo me viera liándola en el templo del garrafón. Tenía restos de vómito en la gabardina y no llevaba el bolso conmigo. Tampoco estaba en el suelo ni a mi alrededor. Me toqué los bolsillos. Joder, el móvil iba dentro del bolso.

—Hija, todavía puedes salvarte.

Una señora me acercó un panfleto en cuya portada ponía «Dios puede ayudarte». Creo que era testigo de Jehová.

—Gracias. —Hice un gesto con la cara de que no era necesario, pero insistió.

—A veces la vida se pone difícil, pero Dios es capaz de curar los corazones buenos. Y tú tienes cara de buena.

De repente un señor que estaba enfrente la increpó:

—¡Venga ya, hombre! ¡Déjala en paz!

Tampoco hacía falta que se pusiera así con la mujer. Me había hablado de forma bastante amable.

—Que le den por culo a la drogadicta esta. ¿Por qué tenemos que molestarnos en que se salve su alma? ¡No queremos aguantarla en el cielo! Bastante tenemos con soportarlas aquí.

Menudo giro de los acontecimientos.

—¡No soy ninguna drogadicta!

—¡Pues puta, lo que seas!

Me levanté y me dirigí a la puerta para bajarme en la siguiente estación.

—¡Merece una segunda oportunidad! En el cielo caben todos. «Y está sentado a la derecha del padre», Marcos, 16, versículo 19 —dijo la mujer.

—No, señora. No tiene Dios que estar pendiente de esta gente. Si no tuviera que ocuparse de ellos y se dedicara a los que nos comportamos decentemente, a lo mejor nos iba mejor en la vida.

—¿Es que no ha leído usted la parábola del hijo pródigo? Esta chica es joven. Aún está a tiempo de entrar en el reino de los cielos.

El tren llegó a la siguiente parada, se abrieron las puertas, salí y dejé a aquellas personas debatiendo acaloradamente sobre si yo merecía entrar o no en el cielo. Sinceramente, el señor tenía toda la razón del mundo.

* * *

—Pero ¡¿qué te ha pasado?! —exclamó Sergio angustiado nada más abrirme la puerta.

—Fui a tomar algo antes de venir a casa y hablé con un tipo en un bar. Creo que me echó algo en la bebida, porque no recuerdo nada más. Me he despertado en un banco con el dedo sin uña y la cara molida. Lo siento, de verdad… —Empecé a sollozar.

—Pero, mi vida, por Dios… ¡Estaba preocupadísimo! ¡Te llamé veinte veces! Casi se me sale el corazón del pecho cuando he ido a llevar al niño al cole y no estabas. ¡¿Cómo no me has avisado?!

—Pero si me han robado todo. No tengo el bolso y ahí estaba el móvil y todo. Intenté entrar en algún bar para que me dejaran llamar, pero me miraban como si fuera una vagabunda, tío, puf, he tenido que venir andando desde Carabanchel.

—¿Y no te acuerdas de nada de quién te ha hecho esto? Túmbate en el sofá…, madre mía de mi vida.

La felicidad asomaba a través de las comisuras de la sonrisa de Sergio. Allí tenía a su cervatillo herido. Ahora podría interpretar su mejor papel: el de cuidador. Me limpió las heridas, me preparó café caliente, me tumbó en el sofá y me tapó con la colcha, me puso *Sexo en Nueva York* para que me quedara dormida mientras me acariciaba el pelo y reía con las frases de Samantha Jones. Sabía que aquello era algo que no podía darme nadie más que él, su atención impecable no tenía competencia.

—Nati, ¿seguro que no recuerdas nada de nada? Esa uña rota podría ser de haberte defendido. Si alguien te echó algo en la bebida, lo mismo quiso… Dios, no puedo ni pronunciarlo.

—No tengo marcas en las piernas, mira. —Le mostré los muslos—. Y cuando me desperté, la ropa estaba en su sitio. A lo mejor, como dices, me defendí y se fue.

—Hueles a meado, Nati.

—No sé, Sergio, necesito descansar, luego lo hablamos, porfa.

—Deberíamos ir a comisaría.

—Ni de coña.

—O al hospital.

—No voy a ir a ningún sitio, Sergio.

—¿Y si te han pegado algo? En cualquier caso, tienes que denunciar el robo del bolso para pedir todas las tarjetas. ¿Has dado de baja la de crédito?

—No he hecho nada. Si no tengo móvil, Sergio.

—Vale, llamo yo. Yo me encargo de todo. Tú solo descansa y ahora vemos.

8

Llamé al 2.º C y esperé a que contestaran. Ya estaba oscuro, así que no corría peligro de que alguien conocido me viera llamando a la puerta de un portal que no era el mío. Esperé unos segundos y volví a picar.

—¿Sí?

Era una voz bastante suave. Aquel tono incrédulo no pegaba con un tipo que se dedica a cascársela con las vecinas, la verdad.

—¡Glovo!

—Pero yo no he pedido ningún Glovo.

—¿No es usted Israel Pino?

—Sí que lo soy, pero es que no he pedido nada.

—No se preocupe, habrá sido un fallo. Gracias por atenderme.

Esperé unos minutos camuflada entre las sombras del portal por si se asomaba a la ventana. Después me fui a casa.

* * *

He aprendido que en esta vida todo el mundo es infiel, todo el mundo se droga y todas las mujeres antes o después se pinchan.

—Ante todo, no quiero que se me note, por favor.

Ahí estaba yo. Sentada en una camilla mientras un señor observaba mi cara de cerca para determinar el diagnóstico que todos esperábamos: efectivamente, estoy vieja.

—Mira. —Cogió un rotulador rojo, frunció el ceño, marcó las líneas de expresión, levantó las cejas.

—No quiero tener la frente como un presentador de Mediaset.

—Ja, ja, ja, ja, tranquila. Es solo un poquito de bótox preventivo, no te la bloqueo entera. A ver, sonríe para que se te marquen las patas de gallo.

Agradecí muchísimo no tener un espejo justo enfrente, porque me llego a ver con toda esa mierda en la cara y no sigo adelante.

—Lo que sí me gustaría es realzar un poco los pómulos. Así como Gwyneth Paltrow.

—Déjame que te mire. Eso sí, el pómulo no es bótox, es ácido hialurónico. Te entiendo, un pómulo firme es lo que da más apariencia de juventud.

Y me lo decía el cabrón, que tenía la cara como los relojes de Dalí. Joder, igual que no te dejan trabajar en El Corte Inglés sin maquillar ni la chica que me depila las cejas va como Frida Kahlo, este señor podría tener las carnes recogiditas. Aunque solo fuera para disimular que nos tienen engañadas y gastándonos la mitad de una nómina mileurista para encajar en lo que las pollas de los señores necesitan para levantarse.

—Solo te insisto, perdona en que lo haga, en que no se note.

—A ver, notar se te va a notar. Vas a estar mejor.

—Bueno, me refiero a que no se note que me he hecho nada, que parezca que me levanté con buena cara.

—Es verdad que, como tienes mucho moflete, esto tiende a caerse. Mira, agacha la cabeza.

Me puse boca abajo como si fuera a mirarme el coño.

—¿Ves esto que cae? —me dijo hundiendo el dedo en la carne que se montaba sobre mis ojos. Quise preguntarle «¿A ti o a mí?», pero creo que no es buen negocio ponerse chunga con una persona que, en unos minutos, tendrá el poder de convertirte en Mickey Rourke—. Con tres pinchacitos en cada lado, te lo recojo para que no se mueva y no se te marque tanto el surco de los labios.

—¿Porque ese surco no se puede quitar?

—¿Tenías treinta y ocho, no?

—Sí.

—Es que las que empezáis tan pronto —«¿Pronto?», pensé—, si os rellenáis cada seis meses, en unos años vas a tener la cara como un globo. Prefiero anclarte el pómulo y que te quede más natural.

Me tumbé en la camilla. El doctor preparó los dos frascos y empezó a pinchar. Comenzó por la frente, me iba indicando los movimientos que tenía que hacer, que eran básicamente los mismos que me había hecho al ponerse a jugar a Kandinsky con mi cara. En la frente y las patas de gallo apenas sentí nada, pero cuando inyectó el ácido hialurónico en las ojeras, percibí cómo se introducía el líquido más demandado del planeta en mi tejido interno. Noté un calor que se expandió por toda mi cara. No era doloroso, pero sí algo molesto. Sentí un ligero mareo y apreté los puños para evitar irme a negro. Debí de hacer algún sonido o gesto raro, porque el doctor reaccionó.

—Tranquila, esto está casi. ¿Todo bien?

—Sí, sí, solo un poco de calor, pero estoy bien.

—Venga, respira y acabo.

Fueron dos pinchazos más.

—Pues ya está. Tómate tu tiempo y te levantas. —Me acercó un vaso de agua—. No te tumbes en un par de horas, por el bótox, que no quiero que se mueva. —Me puso un espejo delante de la cara—. Mira qué estupenda. Lo mismo te sale algún pequeño moratón, aunque no parece. En quince días te vas a ver radiante. Aún te queda producto, tanto de la toxina como del ácido. En unos veinte días te pasas por aquí de nuevo, por si tenemos que retocar algo, y lista.

La verdad es que sí se notaba. Efectivamente, las arrugas de los ojos habían desaparecido. Podía subir y mover las cejas moderadamente, pero tampoco se me marcaban las líneas de expresión de la frente. Se notaba ligeramente la subida de los pómulos. De lado quedaba precioso, realmente estaba mejor. No más joven, tampoco es milagroso, pero mejor. Al sonreír, mis pómulos se veían tersos y nutridos. Esa apariencia de sambernardo triste con la que me levantaba cada mañana había desaparecido. Cogí mi gabardina nueva, me la puse, me miré en el espejo y me fui a la calle con sensación triunfal.

9

—¿Estás nerviosa? —me preguntó Juan Sobreviela haciendo girar el vino de su copa.

—La verdad es que un poco sí —reconocí sonriente.

—No lo estés. No lo vas a ganar. Una chica tan joven queda bien en el *photocall* y entre los finalistas, pero para el Premio Océano necesitan alguien con más peso que tú. Esta gente es seria, no van a llevar lo *woke* tan lejos.

Se hizo un silencio en la mesa. Debería taparse un poco la envidia; en alguien con su trayectoria quedaba realmente ridículo. En cualquier caso, no me iba a joder un día tan importante en mi carrera. Esa noche se entregaba el premio a la mejor novela del año y yo estaba nominada. En ese preciso momento, estaban abriendo el sobre con el nombre del elegido.

—Y el ganador del Premio Océano 2022 es… Javier Toledo, por *Los culpables*.

Mi gozo en un pozo.

—Te lo dije. —Y comenzó a aplaudir como un desquiciado.

Las escritoras que tenía sentadas al lado me pusieron la mano en el hombro y me dedicaron un gesto afectuoso.

Me dio muchísima rabia. No lo pude evitar. La treintena es una década complicada. Resulta que las mujeres en esta franja somos mayores para considerarnos deseables, pero jóvenes para transmitir seguridad o acumular prestigio. Y cuando pasamos los cuarenta, ya estamos mayores para todo, así que nuestro momento es NUNCA.

Javier Toledo congregaba las miradas y la atención de todos los asistentes. Consiguió la mía también cuando empezó con los agradecimientos.

—Patricia, mi amor. Me ha cambiado la vida conocerte. Este premio es para ti… y para la hija nuestra que llevas dentro.

Todo el público estalló en aplausos y silbidos. Javier Toledo tiene setenta años. La tal Patricia, veinticuatro. Imagínate el gasto de pañales que va a ser esa casa en nueve meses: tres paquetes para el hijo y tres para el padre. Todo el mundo ve supernormal esta movida, pero si mi amiga del pueblo se enterase de que me lie con su hijo de veinte, me deja sin pelo. Al acabar el discurso, arrancaron el cóctel y la peña se acercaba a darme el pésame. No soporto generar pena. Y tampoco perder, para qué voy a mentir. Así que poco pintaba ya en ese sitio. Busqué con la mirada a mi editora para despedirme y la vi hablando animadamente con Sobreviela, así que pensé que un wasap avisando de que estaba camino de casa era más que suficiente. En cuanto pude, salí pitando de allí.

* * *

El taxi me dejó en mi portal. No eran ni las once de la noche. Antes de entrar levanté la cabeza para ver si había luz en la casa de mi vecino el *voyeur*. Me acerqué a su portal y pensé en llamar de nuevo, pero ya había usado el truco de Glovo y no se me ocurría nada nuevo. Casi me caí de culo cuando escuché la puerta abrirse y una voz saliendo del telefonillo: «Sube. Es el segundo C».

Subí las escaleras pensando qué cojones estaba haciendo. Pero, a la vez que me lo preguntaba, me colocaba el escote y aceleraba el paso. Me planté ante la puerta.

—¿Por qué me vigilas? —preguntó el tipo aquel nada más abrirla.

—No te estoy vigilando.

Lo primero que pensé es que jamás le habría hecho *match* en Tinder.

—Has estado mirando en mi buzón, pasas cada dos por tres por mi portal, me has picado haciéndote pasar por Amazon...

—Por Glovo —interrumpí.

Me miró desafiante:

—Y te desnudas mirándome desde tu ventana. ¿Qué buscas?

—Tú te la cascaste mirándome a mí.

Me sonaba bastante el señor este. Su tono de voz y su cara me eran familiares, pero no conseguía ubicarlos.

—¡¿Que qué buscas?!

Tenía ganas de llorar.

—No sentirme sola.

—Si quieres pasar, pasa, y si no, te pido que no me vuelvas a molestar.

Pasé, claro.

El piso era pequeño, pero al menos la cocina y el salón eran independientes. Todos los muebles eran bastante antiguos, me la hubiera jugado a que era herencia de sus padres muertos y el tío cutre no había sido capaz ni de pasarse una tarde por Ikea para darle una pátina de modernidad a aquello. Tenía cientos de trastos apilados por todas partes, también periódicos y revistas de *El País Semanal*. Al lado del sofá había un bote enorme de lubricante, un rollo de papel higiénico y un cenicero de cristal blanco hasta arriba de colillas.

—¿Quieres tomar algo?

—Una cerveza.

Volvió de la cocina con dos vasos ya servidos. Esperé a que él bebiera primero. Hubiera preferido una lata y poder abrirla yo misma, pero era lo que había.

—¿Te pasa algo?

—No me pasa nada, estoy bien.

—¿Quieres hacer algo?

La verdad es que estaba excitadísima. Israel tenía un cuerpo cucharón: mucha tripa y patas finas. No asumía su alopecia y la piel de los brazos le colgaba justo encima de los codos. Calculo que debía de pasar los cincuenta y cinco. Salvo Julio, mis exparejas parecen el *casting* de *Bienvenidos a Zombiland*. Mi adolescencia en imágenes es realmente turbia. Me ves toda joven, toda diosa, colgada del brazo de seres lovecraftianos que la única mujer con la que habían hablado era su madre. Si les faltaban piezas dentales sumaban puntos. A mí lo que me ponía era el brillo de sus ojos, saber que si alguien dejaba esa relación iba a ser yo. Saber que lo que me hizo Álex no me volvería a suceder nunca más. Me gustaba leer en sus caras que aquello, más que un polvo, era una aparición mariana. La verdad es que merecía cotizar en un régimen especial de la Seguridad Social por los servicios prestados. Conmigo, a ojos de sus amigos y familiares, estos hombres tenían lo que les enseñaron que debían conseguir: un trofeo. Me muestran como el cazador que se fotografía junto al jaguar y que sabe que su audiencia aplaude porque es incapaz de entender cómo pudo llevar a cabo esa gesta. No me molesta, es exactamente lo que buscaba. Un coleccionista jamás tira a la basura sus mejores piezas.

Con Julio aprendí que se puede querer a alguien solo por su belleza. Realmente había visto a un montón de amigos que salían con chicas jovencísimas, pero no demasiado listas, y era evidente que las amaban. Javier Toledo, por ejemplo, parecía realmente feliz con su Barbie embarazada. Me hubiera gustado ser valiente, haberme acercado a ella y haberle dicho: «Él, cariño, no lo haría por ti. Él con veinticuatro años no se metía un coño de setenta en la boca ni aunque fuera la presidenta de Microsoft». Sin embargo, un montón de amigas —yo incluida— solíamos decir que nos gustaban los feos, que necesitábamos algo más, que los guapos muchas veces no se portaban bien. Como si ser feo asegurara que fueran responsables emocionales, cero narcisistas y en absoluto puteros. Fíjate cómo nos han convencido de que la belleza exterior no debe ser importante, un mensaje que por supuesto siempre se ha emitido en una única dirección. Imagínate a un tío diciendo: «A mí es que me gustan las feas». Simplemente ridículo, pero aceptable si se invierten los géneros. Así, como evidentemente los guapos siempre van a tener público, el sistema se asegura de que los hombres poco agraciados físicamente también puedan acceder a mujeres jóvenes y guapas hasta el fin de sus días. Y ahí estamos nosotras mientras tanto, comiéndonos el cuento de que la belleza está en el interior y conformándonos con unos rabos que parecen gatos egipcios recién salidos de la ducha. Pensé todo eso mientras tenía en la boca la polla de mi vecino, un tipo que parecía más un caminante blanco que una persona. La cabra siempre tira al monte, porque es donde se siente segura.

Estaba sentado en el sofá con los pantalones en los tobillos. Se la mamaba arrodillada entre sus piernas y apoyando las manos en sus rodillas. Él tenía los ojos cerrados, la boca abierta y la cabeza apoyada en el respaldo del sofá. Se esforzaba en no emitir ningún sonido y yo en hacerle una buena chupada. No tenía ganas de follar. Ahora mismo solo pensaba en que acabase rápido y marcharme a mi casa.

—Ponte aquí —me ordenó.

—¿Dónde?

—Aquí, sube al sofá. Así te puedo tocar un poco mientras me la chupas.

Me arrodillé a su lado en el sofá y volví a metérmela en la boca. Me bajó los pantalones y se puso a tocarme por encima de las bragas con una mano y con la otra me presionaba la cabeza.

—Voy a metértelos —avisó.

Al ver que estaba empapada emitió un leve gemido. Me apretó la cabeza contra su tripa y empezó a elevar y bajar la pelvis. Me tenía con la cara completamente girada hacia la pared de enfrente. Yo solo veía la mesa y la tele del salón. Mi oreja izquierda reposaba encima de la grasa acumulada en su abdomen. Me sacó los dedos y me agarró la cabeza con las dos manos. Tenía la vista fija en un san Pancracio de la estantería. Una moneda de veinticinco pesetas —la del agujero en medio— colgaba de sus dedos. Estaba muy concentrada en la moneda y en cerrar la garganta con la lengua para no ahogarme. Sus tripas amenizaron la espera. Estaba gimiendo, pero no podía oírle, aunque lo sentía. Con una de las manos, y seguramente sin querer, me tapaba un oído y el otro estaba concentrado en los borborigmos de su intestino, que interpretaban la *Quinta sinfonía* de Beethoven. TA, TA, TA, CHAANNNN. Me estaban taladrando la glotis mientras unas tripas talentosas tocaban en concierto solo para mí. TA, TA, TA, CHAAAANNNNN. San Pancracio me devolvía la mirada con aprobación: «Aguanta un poco más, que lo estás haciendo muy bien». CHA, NANANA, NANA. Le apreté la rodilla con una mano, me costaba respirar y tenía los ojos llenos de lágrimas. «Concéntrate en la música», me regañaba el santo. CHA, NANANA, NANA. «No te muevas, no se lo estropees.» CHA, NANANA, NA, NAAAAAAAA. «Ya está, hija mía. Ve con Dios.»

* * *

—Vamos, Leo, arriba, que hay que ir al cole. —Fui a despertar al peque.

—Un poquito más, mami —me suplicó tapándose la cabeza con la sábana.

—Venga, que no quiero que lleguemos tarde.

—Si es que estoy malito.

—¿Cómo que estás malito?

—Me duele la garganta, cof, cof. Tengo que dejar de fumar.

—Por favor, Leo. Levántate ya y deja de decir chorradas.

Llegamos cinco minutos antes de que abrieran la puerta. Aproveché esos minutos para besuquearle por toda la carita y achucharle como si fuera a dejarle sin aliento.

—Mami, ya abren la verja.

—Ve, mi vida, luego vengo a buscarte. ¡Pásalo bien!

Y, al despedirme de Leo, le vi. De eso me sonaba, fue el tipo que nos echó el café por encima el día de la reunión del colegio. Creo que Israel hizo un ademán de levantar la mandíbula en señal de saludo, pero fue tan leve que no estoy segura. Sujetaba la puerta del colegio mientras los niños pasaban. Se me secó la boca, se me nubló levemente la vista y sentí que mi estómago se hacía una bola. Me apoyé en un coche y, aunque traté de tragar saliva, no había nada. Esta vez eran mis intestinos los que interpretaban la *Quinta sinfonía* de Beethoven.

10

—¿Te gusta esta casa, hijo?

—Es chulísima, mami. ¿Cuál va a ser mi cuarto?

—El que tú elijas. Tienes este de aquí o este otro.

Leo examinó las dos estancias muy animado y finalmente se decidió.

—Creo que este es más grande, mami.

—Sí, yo también lo creo. Pues este para ti y este para que yo trabaje. ¿Te parece bien?

—¡Sí!

Conseguí una casa en la misma calle que la de Sergio. No quería que Leo tuviera que cambiar su vida por las decisiones que tomamos sus padres. Queríamos además poder verle siempre que fuera posible y tratar de gestionarnos los dos de manera amistosa. Nada de jueces ni terceras personas opinando sobre nuestra familia. Afortunadamente, ninguno estábamos por la labor de hacernos la vida imposible.

* * *

Te has separado???

Recibí este mensaje a raíz de una foto que había subido a Instagram en el piso nuevo vacío y con una servidora comiendo un cacho de *pizza* al lado de la caja de una tele de cincuenta pulgadas, mi primera —y más importante— adquisición. Era Julio. Llevaba muchísimo tiempo sin saber nada de él.

Sí. Ha costado, eh?

Me gustó que me escribiera, la verdad es que no me lo esperaba.

Cómo estás?

Ahora mucho mejor. Y tú?

Ahí vamos

Un momento. ¿Cómo que «Ahí vamos»? Entré en el Instagram de Verónica, llevaba tiempo sin hacerlo, y me puse a repasar sus últimas publicaciones. Era verdad que Julio aparecía en las fotografías, pero no tan asiduamente como un tiempo atrás. ¿Estarían mal? Ella se había cortado el pelo, ahora se daba un aire a Chiara Ferragni. Lucía media melena rubia perfectamente pulida y era evidente lo mucho que había adelgazado. Con la ansiedad de la separación y la mudanza, a mí se me habían acumulado las preocupaciones en el vientre, los muslos y los brazos. Mi larga melena morena tampoco era muy favorecedora. Me daba un aire pantojil, quizá demasiado adolescente para una persona de casi cuarenta.

* * *

—Pero ¡bueno! ¡Vaya cambio de *look*! Si me ha costado reconocerte...

Había quedado con Irene, mi editora. Me había citado en el Miyama, un japonés que me encanta cerca de la Gran Vía.

—¿Te gusta? Oye, vida nueva, *look* nuevo.

—¡Dios mío, es que vaya pedazo de rubia! Déjame que te mire. —Me examinó detenidamente—. ¡Me encantan los aros negros! ¡Mucho más que los dorados esos chonis que te sueles poner. —Rio—. De verdad que estás guapísima. Pero no solo por el pelo. Te veo la cara mejor, con mucha más luz. ¿Te has hecho algo?

—¡¿Qué me voy a hacer?! Es la alegría de la octava edición.

—Pues fenomenal, cuantísimo me alegra verte así. Entonces, ¿qué? ¿Vamos a por la segunda novela?

—Va a ser que sí, ¿no? Vamos a pedir vino, que hay que brindar.

El camarero nos dejó las cartas y nosotras, entre risas y godellos, nos pusimos al día.

—Pues ando con alguien —me dijo Irene con cara de felicidad.

—¿En serio? Joder, qué bien. ¿Cómo se llama?

—A ver…, es un escritor. No sé si debo decirte quién es, porque le conoces.

—¡No! ¿¿¿Quién???

—No te lo puedo decir… De todas maneras, tampoco ha sido nada. Hemos quedado dos veces y la última, pues, bueno…, me quedé a dormir en su casa.

—¡Dios! —Es que me gusta muchísimo un cotilleo—. ¡Dime quién es, hombre! ¡Que te prometo que no voy a decir nada!

—Que no, que no, que me meto en un lío. Era solo para que supieras que de vez en cuando tengo a alguien con quien darme un revolcón, que ya era hora.

—¿La tiene grande?

—¡Natalia! No te lo digo, que si la cosa va a más, luego vas a saber cómo la tiene y no me parece.

—Joder, pero dime quién es. Una pista al menos. ¿Es de la editorial?

—No te quiero decir nada, Natalia.

La pregunta la pilló desprevenida y torció el gesto. Imaginé lo peor.

—Ya sé quién es. ¿Es Sobreviela?

—¡Que te he dicho que no iba a decirte nada! —Sonrió tímidamente queriendo reconocer que era él, pero sin emitir una afirmación.

—¿Es él o no?

—Que sí, pesada. Para ya.

Y paré. Tengo la virtud de saber cuándo callarme, pero la cruz de la incontinencia facial. Me las arreglé para dibujar una leve sonrisa, pero el resto de la cara emitía todo tipo de señales de decepción. Soy algo así como un anuncio de farmacia, me salen las letras luminosas por la frente.

—¿Qué te pasa? ¡Vaya cara! No habrás…, tú…

—¡Ni loca! ¡Cómo voy a haber estado con ese señor!

Ahora era Irene la que me levantaba las cejas indicando desaprobación:

—Ya sé que habéis tenido roces, pero son chorradas, Nat.

—Sí, es verdad, son chorradas. —Sonreí.

Me daba rabia que una tía tan inteligente y guapa como ella estuviera chupándosela a un mandril resentido con los avances sociales.

—¡Es listísimo! Me encanta escucharlo. No lo puedo evitar. Y sé que os caeríais genial si os conocierais.

—Sí, seguro que sí.

—Te lo digo de verdad, Nat.

—No tiene pinta de ser de los que soportan que una chica venda más que él.

—¡No empieces, anda! Bueno, la cosa es que yo estoy ilusionada. Me gusta de verdad.

—Bueno, pues si tú estás ilusionada, no hay más que hablar.

Y levantamos nuestras copas para brindar.

* * *

Después de varios meses me acabé acostumbrando a los detalles tétricos de la casa de Israel: el sofá con quemaduras de cigarro en el reposabrazos derecho —él decía que eran de cuando se quedaba dormido viendo la tele con un *piti* en la mano—, la lámpara de pie sin bombilla o los platos y tenedores sucios acumulados encima de la mesa. Cada vez que subía me daban ganas de abrir las ventanas. Había algo en el ambiente que resultaba asfixiante y no me refiero al calor de agosto en Madrid.

—¡Pero no abras, que hace mucho calor!

—Es que huele raro. ¿No lo notas?

—La verdad es que no. Perdí el olfato con el covid y no he vuelto a recuperarlo.

Realmente este detalle explicaba muchas cosas de su forma de vida.

—Déjame que airee un poco y luego cierro.

En el tiempo que llevaba yendo a su casa nunca jamás follamos en su habitación, siempre en el sofá del salón. No sé qué me pasaba, pero era como si me diera asco un habitáculo que ni siquiera había visto. O miedo. Su casa generaba la misma desconfianza que un callejón oscuro. Supongo que sería una mezcla de ambas sensaciones. No me parecía un mal tipo, pero no me gustaba cómo vivía.

Entró al baño justo cuando estaba terminando de peinarme para volver a mi casa.

—Míranos. —Me señaló el espejo—. ¿No te parece que hacemos una pareja increíble?

—No empieces, por favor.

—Mira y contesta. ¿La hacemos o no?

—Me acabo de separar.

—¿Y eso qué tiene que ver?

—Que ya te he dicho que no quiero nada con nadie, no hago buena pareja con nadie. Joder, siempre tienes que estropearlo todo.

—Eres tú la que viene aquí cada semana desde hace no sé cuánto tiempo.

—Vengo a follar, Israel.

—¿Y no podemos ir un día a cenar?

—No. Me voy, que es muy tarde.

Salí del baño y me calcé.

—¿Es porque soy poco para ti? A la señora *influencer* no le gusta el bedel de un colegio.

—No soy *influencer*, soy escritora. Y no digas gilipolleces. No vengo más y punto.

—Solo te estoy pidiendo una cena o ir al cine.

—Y yo te estoy diciendo que no busco eso. No es tan difícil.

—Ahí va —dijo mirando al espejo y luego a mí.

—¿Qué?

—No me había dado cuenta.

—¿De qué?

—Te está saliendo un poco de papada, ¿no?

—¿Cómo?

—Nada, nada. Si casi ni se nota. ¿Te veo esta semana, entonces?

—No lo sé. Te voy diciendo.

Y me fui dando un portazo.

* * *

De momento, solo teníamos una cama, así que Leo y yo dormíamos juntos. Sergio me ayudaba a llevar cajas y tenía previsto terminar la mudanza el 1 de septiembre aprovechando que el niño no tenía clase.

—Mamá, ¿tú le tienes miedo a la muerte?

—¿Por qué me preguntas eso, hijo?

—Porque Davy Jones se lo pregunta a Jack Sparrow.

—Lo mismo no es una peli para un niño de seis años.

—¿Pero le tienes miedo a la muerte o no?

—Sí, supongo que tengo miedo a todo lo que no está bajo mi control.

Le di un beso, apagué la luz y nos quedamos dormidos abrazados.

11

Israel llevaba varios días mandándome wasaps pidiéndome que le hiciera una visita, pero la verdad es que ya había perdido la gracia. Tampoco es que me hubiera gustado especialmente en ningún momento, simplemente me daba morbo y compañía. Así se lo hice saber desde el principio. El sexo no era ninguna maravilla, y ya esa movida de tratar de mellarme la autoestima diciéndome cosas de mi cuerpo es que me daba hasta la risa.

«Que si tengo papada, me dice don Digestiones Complicadas. Que se atreva a decirme media palabra un tipo con una barriga de siete meses es que tiene cojones. Anda y que le den por culo.»

Esa semana me tocaba quedarme con Leo. Me encantaba ir a buscarle al cole después de dos días sin verle. Al verle correr hacia mí gritando «¡Mami!», me daba cuenta de que había merecido la pena que me reventaran los abdominales para sacarle.

—¿Cómo está mi chico?

—¡Muy bien! ¿Vamos al parque?

—Sí, cariño.

—Toma, es para ti.

Me dio un papel cuadriculado doblado en cuatro partes.

—¿Lo has hecho en el cole? —pregunté mientras lo abría.

—No, me lo ha dado Isra.

Se me secó la boca de golpe y se me aceleró el corazón, pero traté de mantener la calma, el tono y los músculos faciales.

—Ah, muy bien, cariño. ¿Lo has leído?

—¡No, mamá! Es tuyo.

Le cogí de la mano y echamos a andar camino al parque. La nota decía: «Contéstame al móvil. Solo quiero verte».

* * *

Estaba a punto de quemar el telefonillo de ese puto subnormal. ¿Cómo se atrevía a utilizar a mi hijo para sus mierdas?

—¡¡¡Ábreme inmediatamente!!!

Ni siquiera llamé al ascensor. Subí los escalones de dos en dos con un dolor terrible en los maxilares de apretar los dientes. No tenía mucho tiempo, le había pedido a Sergio el favor de que se quedara con Leo una media hora. No podía retrasar esto ni un solo día. Bastante que el asqueroso este había disfrutado de mi compañía durante prácticamente medio año. No me había dado ni cuenta y ya estábamos en invierno otra vez.

—¡¿Cómo se te ocurre darle nada a mi hijo?!

—No me contestabas al móvil.

—Sí te he contestado. Te he contestado durante una semana entera que tenía que pensar y que no me apetecía venir a verte porque ya no teníamos la misma idea de esta relación. Cuando me has insistido, he dejado de responder porque no tenía nada nuevo que decirte.

—Me has utilizado.

—¿Qué estás diciendo?

—Que me has utilizado para pasar el tiempo mientras te separabas y ahora no quieres saber nada de mí.

—Me estás poniendo muy nerviosa. Yo no te he utilizado. Te dije desde el principio que no quería nada.

—Nada, no. Bien que venías pidiendo que te la metiera.

—Te dije que eso era todo lo que quería y a ti te pareció bien.

—¿Qué pasa, que como algunas madres están empezando a comentar que podríamos estar juntos, quieres cortar, verdad?

—¿De qué estás hablando? ¡Nadie comenta que podríamos estar juntos!

—OK.

—¿Qué estás haciendo? ¿Por qué intentas hacerme daño?

—Eres tú la que me hace daño a mí. Eres tú la que me está dejando porque ha elegido el camino sencillo.

—¡¿Qué camino?! ¡¿De qué estás hablando?! —Empezaba a perder la paciencia

—Seguro que eres de esas que buscan un novio famoso para tener más seguidores. Aunque yo te guste, no me vas a dar nunca una oportunidad, porque soy poco para ti.

—¡¡¡No me has gustado nunca!!! ¡No quiero estar contigo porque no me interesas en absoluto para nada que no sea follar!

—A ver si encuentras a alguien que se preocupe por ti como lo hago yo —me dijo poniéndose de pie y acercándose a mí.

—Pero ¿tú sabes, puto loco, que he estado diez años casada con un tipo increíble que, incluso separados, sigue preocupándose por mí?

—¡A lo mejor dejaría de hacerlo si supiera que te pajeabas conmigo desde su ventana! —bajó el tono de voz y se pegó a mí—. ¿Se lo has dicho? ¿Te sientes bien mintiéndole? Debería saberlo.

Noté su saliva salpicando mi cara.

—Esta conversación se termina aquí. —Me aparté de él—. Si vuelves a dirigirte a mi hijo, vas a tener un problema serio. Tú verás.

* * *

Me cuesta mucho escribir antes de las once. No puedo hacer ningún tipo de actividad creativa con sueño, cansancio o resaca. Dejé a Leo en el cole y Carlota, la madre de Mariola, me preguntó si me apetecía tomar café con ella y otra compañera del AMPA. Solo pedí quedarnos en la terraza para poder echar un cigarrillo.

—No te quería decir nada porque no quería molestarte, pero he leído tu libro.

Terminó la frase ahí, así que no supe si era un cumplido o una amenaza.

—Me ha encantado —prosiguió—, creo que es muy necesario.

Ups, qué decepción. Creo que *necesario* es la peor descripción que podrían hacer del libro. Era la clase de adjetivo por el que Juan Sobreviela me haría de menos. Necesaria es una receta del médico, las instrucciones del Ikea o la nómina de fin de mes. Una novela debe ser otra cosa: divertida, turbia, emocionante, oscura, tierna, pero no necesaria. *Necesaria* suena a que apela a una carencia puntual, algo que nos atañe ahora, pero que difícilmente trascenderá. Es una cosa muy narcisista eso de querer permanecer, pero qué quieres que te diga. Yo quería ser inmortal, pero no por mis obras, sino porque no quiero morirme. Sin embargo, dado que eso no parecía que fuera posible, para que perdure peña del tipo Juan Sobreviela, prefiero hacerlo yo. Para que coman sus nietos, que coman los míos. En realidad, Carlota solo estaba intentando ser amable. Pero sí que me molestaba cuando escribían en una crítica o un artículo ese tipo de apreciaciones. Aunque mi improperio favorito era cuando me preguntaban si creía que mi libro también les gustaría a los hombres.

«¡¿Y a mí qué cojones me importa?! ¡¿Qué coño sé si les va a gustar a los hombres?! ¿Le preguntan a Luis Gallego o a Adolfo Roma si creen que sus libros gustarán a las mujeres?

¿Qué pasa, que las mujeres somos un público menor? ¿Nuestro dinero vale menos o algo así?»

Era fuerte, porque en realidad lo que me estaban diciendo, quizá incluso sin ser conscientes, era que si no me preocupaba por gustarles a los hombres, nunca obtendría ese prestigio que hace que te conviertas en inmortal. Aunque esta idea, para ser justa, no es mía. Se lo escuché a una pava que me encanta en un pódcast que se llama *Buenismo bien*, y es que la tía tiene toda la santa razón.

—Me lo han pedido otras madres del AMPA. —Sopló la taza, que ardía.

—A lo mejor no hace falta que se lo prestes —bromeé.

—¡Anda! —dijo la otra madre, que, la verdad, no me sonaba de nada—. ¿Eres escritora?

—Sí, bueno, eso intento.

Entonces vi acercarse a Israel. Venía del colegio. Se paró delante de nuestra mesa.

—Hola, ¿aquí tomando un cafecito?

—Hola, Isra, sí, ¿te quieres sentar con nosotras? —dijo Carlota.

—No, gracias, si he salido para comprar unas cosas que necesito, que se ha estropeado un grifo del lavabo del gimnasio, y vuelvo.

—Qué bien te veo últimamente —le comentó la otra madre.

—¿Sí? Es que estoy enamorado. —Ambas rieron. Yo traté de disimular y sonreír con ellas—. Lo que pasa es que la chica no termina de hacerme mucho caso, pero a ver. Yo creo que una última oportunidad me dará.

—¿Ya habéis estado juntos? —preguntó Carlota.

—Sí, ahora estamos un poco distanciados, pero la quiero.

—Entonces seguro que vuelve, ya lo verás. ¡Que no es fácil encontrar a un hombre que diga abiertamente que te quiere! ¡Eso vale oro!

—¡Eso pienso yo! Pero lo tiene que pensar ella también.

Volvieron a reír.

De verdad que no sabía dónde meterme. Hice como que cogía el móvil y lo miraba.

—Tú insístele. Demuéstrale que la quieres.

—Tampoco mucho —salté.

—Mujer, qué seca eres —me regañó Carlota.

—Hombre, que hay veces que, si ya te han dicho que no, pues, chica, que él te quiera no significa que sea obligatorio estar con él. Tendrás que estar con alguien que te quiera, sí, pero a quien quieras tú también. —Y volví al móvil.

—No escuches a esta, que es una aguafiestas.

—Nada, nada, lo intentaré. Os dejo, que tengo que volver.

Dejé el móvil en la mesa, pero, una vez más, no pude disimular el semblante especialmente serio.

—Lo de aguafiestas era una broma, ¿eh? —se excusó Carlota.

—Lo sé, lo sé. No te preocupes.

* * *

Eran las cuatro de la mañana. Tenía cuatro llamadas perdidas y diez mensajes:

> Entonces de verdad no me quieres? Si de verdad no quieres que insista, te dejo en paz

> Perdóname, por favor, solo quiero que arreglemos lo nuestro

> Dame una última oportunidad. Me equivoqué con lo de tu hijo, es que no sabía cómo hablar contigo

> Sé que podemos ser felices. Solo necesito que me dejes llevarte un día por ahí

> No vas a contestarme, verdad? Por favor, dime algo. Sin ti me muero. Por primera vez en la vida estaba siendo feliz

> Bueno, seguro que te estabas follando a otros y prefieres a uno mejor que yo, verdad? Si te los follabas estando casada, no ibas a dejar de hacerlo ahora

> Si no vienes a follarme, tendré que cascármela mirando tus fotos en internet

Qué suerte tengo de que te guste posar como a una guarra. Voy a usar un vídeo tuyo de una entrevista en el que vas con escotazo. Seguro que no soy el primero que mira este vídeo con la polla en la mano

El siguiente mensaje era un audio suyo gimiendo y corriéndose.

Seguro que te ha excitado, verdad, puta? Cuando quieras vienes a casa y te lo echo en la cara

Me levanté de la cama para beber agua y me costó muchísimo llegar a la cocina. Me flaqueaban las piernas. Miles de hormigas correteaban por mis pantorrillas, la cabeza me daba mil vueltas y tenía que apoyarme en la pared para mantenerme en pie.

Abrí Instagram. Tenía como unos veinte comentarios repartidos por mis últimas publicaciones. Eran del mismo estilo que los mensajes. Empecé a sentir arcadas. Hice capturas, los borré todos y bloqueé su usuario.

Otro mensaje en el móvil:

No puedes echarme de internet

Cogí aire, respiré y contesté:

Qué quieres?

Escribió y borró durante un rato. Finalmente apareció en mi pantalla:

Hablar contigo. Solo eso

Esta semana tengo a Leo, por favor, déjame que esté con él tranquila y la siguiente semana hablamos tranquilamente

Vale

Y pasé el resto de la noche con los ojos como platos. A las ocho de la mañana sonó el despertador. Tenía que levantar a Leo y llevarle al cole.

12

«No sé a quién acudir. Me van a culpar. Si se lo cuento a Sergio, se va a enfadar por haberle engañado. A mi editora podría entrarle miedo de que mi imagen se vea dañada y justo ahora estamos hablando de un segundo libro. Si se pone a tocarme los huevos por internet y la gente lo comenta, me van a culpar, joder. Me muero si las madres de los amigos de Leo se enteran de que me he estado acostando con ese tipo. ¿Qué van a pensar de mí? El libro que escribí ya trata de una tía bastante liberada sexualmente, es que nadie va a empatizar con una mujer infiel que se folla a los trabajadores del colegio de su hijo. Van a pensar que me lo merezco. ¿Y Leo? ¿Y si algún compañero le dice algo? Me muero, de verdad que me muero.»

—Natalia. —Era mi editora, agarrándome del hombro—. Natalia, ¿estás aquí?

—Sí, sí, perdona, que me he quedado en blanco. Es que he dormido fatal.

—Ya veo que tienes cara de cansada. No pasa nada. Esto no es más de una hora. Primero te van a preguntar cosas de la novela durante unos veinte minutos y luego firmas un rato, ¿vale?

—Genial. Hay bastante gente, qué bien.

Me habían invitado al Libris Festival. Esa tarde había varias presentaciones y ponencias y yo era una de ellas. La novela estaba yendo muy bien y, después de las primeras firmas y presentaciones habituales de promo, habían seguido llamándome de diferentes eventos culturales y festivales literarios.

Me presentaron y subí al escenario de la nave 16 del Matadero de Madrid. Había como unas cien personas escuchando la charla. Me preguntaron las cosas que suelen preguntar en estos sitios, que desde cuándo escribía, que en qué me había inspirado para el libro, que para cuándo el siguiente, y charlamos animadamente sobre sexualidad femenina, que era el tema central de mi novelita. Estaba realmente feliz. Abrieron el turno de preguntas del público. El presentador, un periodista de cultura de un diario digital, lanzó a los asistentes la opción de participar.

—¡Aquí! Por favor —dijo un tipo desde las butacas.

No me lo podía creer.

—Acercadle el micro —pidió el presentador a uno de los trabajadores, que estaba sentado en primera fila con un par de micros en la mano esperando que le dieran órdenes.

Allí estaba el hijo del gran putero. De pie, sonriendo. Con la camisa metida en los pantalones, marcando barriga, y el poco pelo que tenía engominado hacia atrás. Me miraba triunfal. ¿Cómo era posible que yo estuviera aquí arriba, él ahí abajo, y fuera a mí a la que le temblaran los esfínteres? ¿Cómo era posible que se mostrase seguro y no tuviera ningún tipo de temor de ser acusado de lo que era, que no tuviese ni medio respeto por mí y mi trabajo y tuviera el cuajo no solo de presentarse, sino de abrir la boca?

—Nos estás vendiendo una protagonista moderna y liberal, pero en realidad creo que es bastante antigua. ¿Qué tiene de moderno reivindicar la sexualidad femenina cuando ahora todas las mujeres hacen lo que quieren? Ya desde los ochenta vemos un montón de películas y libros con tías así. Creo que os inventáis un problema donde no lo hay.

La sala empezó a murmurar. Estaba claramente de mi lado. Aupada por la seguridad de saberme arropada, agarré el micrófono y contesté:

—Yo no vendo nada, cuento historias. Pero sí debe de ser moderno cuando hay hombres que vienen a las presentaciones de las escritoras a cuestionar sus creaciones. Dudo mucho que alguien fuera a una charla de Houellebecq a preguntarle si no nos está vendiendo personajes antiguos, porque hombres que follan los encontramos en la cultura desde que existe el arte. En cualquier caso, gracias por tu pregunta.

El público aplaudió sonoramente. Israel hizo ademán de querer continuar con el debate. Una chica del público le espetó:

—¡Déjalo, ya has hecho el ridículo lo suficiente!

—Gracias —dijo el presentador—, no tenemos mucho tiempo y tiene que preguntar más gente.

Por si no había sido suficiente, cuando hubo terminado la ronda de preguntas, formó cola con mi ejemplar en la mano. También quería mi firma.

—Dedícamelo a Israel, por favor.

Tenía al lado a mi editora y al presentador, que charlaban animadamente. Me dieron ganas de gritar, de pedir que llamaran a la policía.

—¿Qué haces, Isra? —Le rogué clemencia con la mirada.

—Pedirle a una escritora que me firme su libro. —Y me sonrió.

—Te dije que me dieras una semana.

—No sé de qué me hablas. Solo vengo a que me dediques el libro, ¿es un delito esto?

Se lo dediqué y se marchó. Cuando acabé y salí de la nave, no había ni medio rastro de su persona. Lo que sí estaban eran unos diez comentarios de un usuario recién creado en Instagram llamándome vendemotos, feminazi, diciendo que qué bien se vivía haciendo dinero con una causa social, que tenía pinta de no saber quién era el padre de mi hijo y otros calificativos que prefiero no mencionar.

* * *

Ir a una comisaría es aún peor que las urgencias de Madrid. Hay cuatro personas en la sala de espera, pero por alguna razón que no termino de entender llevamos más de una hora para que nos atiendan.

—¿Por qué no me dijiste nada en el Libris? —me preguntó Irene enfadada.

—Yo qué sé, Irene. No quería dar el espectáculo.

—Espectáculo el que podría haber dado el hijo de puta este. ¿Y si llega a hacer alguna locura?

—No quería que me juzgaras.

—Natalia, soy tu editora. Leo las cosas que escribes, las que publicas y también las que descartas. E incluso conozco las ideas que no llegas a escribir. A lo mejor crees que no sé cómo eres.

—¿Crees que soy horrible?

—No, no creo que seas horrible. Creo que eres absolutamente normal y también creo que debes dejar de castigarte con pensamientos absurdos.

—Ya…

—¿Por qué cojones te follabas a ese tío?

En ese momento entró un agente en la sala de espera:

—¿Natalia Argüelles? —Levantó la vista y me vio alzar la mano—. Pasa, por favor.

—¿Me puede acompañar? —señalé a Irene.

—Sí, claro.

Pasamos a una sala con dos mesas y un policía en cada una. Nos atendió un hombre que me fue preguntando paso a paso el acoso al que estaba siendo sometida por mi vecino. Me costaba ir al detalle por culpa de las ganas de apuñalar que me generaba verle escribir utilizando únicamente el índice de cada una de las manos. Siempre había pensado que eso era un cliché de las películas, pero no, era totalmente cierto. Parecía que en vez de castellano escribía en morse. Taladraba las teclas y me preguntaba doscientas veces lo mismo porque en lo que tardaba en escribir la primera palabra se le olvidaba el resto de la frase. Mi pie derecho empezó a taconear. Irene me puso la mano en la rodilla. Su mirada decía «para» y su gesto «tranquila». Me hubiera gustado poder coger el teclado y escribir yo. Ahora entiendo el porqué de la hora perdida en la sala de espera.

—Manteníais relaciones sexuales, ¿verdad?

—Sí.

—Pero ¿erais pareja?

—No, no. Solo eran encuentros sexuales.

—Entonces no puede ir por violencia de género.

—Ah, estupendo —contesté socarrona.

—A ver..., ¿en algún momento te ha amenazado de manera explícita? Quiero decir, que una persona con la que has tenido relaciones sexuales te diga que se quiere correr en tu cara en principio podría estar enmarcado en el tipo de relación que tenéis.

—Teníamos —le corté.

—Las capturas que me enseñas de su perfil de Instagram no valen si borraste los mensajes de la aplicación.

—¿¿¿Cómo???

—Podrían estar hechas con Photoshop, no podemos demostrar que estuvieron ahí. Y el resto de los mensajes de redes sociales están enviados desde otro perfil y ni siquiera tenemos constancia de que sean suyos. Un juez tendría que autorizar la investigación para asegurarnos y con esto ya te digo que no lo va a hacer.

—Perdona, no entiendo. ¿¿¿Se supone que tenía que dejar los comentarios llamándome *puta* para que los viera todo el mundo??? —empezaba a perder la paciencia.

—Entiendo que te resulten desagradables, pero si no van acompañados de algo más, no son delito. Acudir a la firma de un libro y hacer una pregunta, tampoco.

—A ver, no ha dicho que vaya a matarme, claro. Pero creo que es evidente que no está teniendo conductas muy normales.

—¿Tampoco te ha agredido?

—No..., me manda notas a través de mi hijo. —Elevé algo el tono—. ¿Eso tampoco es una señal de acoso?

—Puedes poner la denuncia si quieres, pero esto tiene pocas probabilidades de prosperar —me dijo adoptando un tono de disculpa.

—¿Se supone entonces que tiene que llegar a herirla para que nos hagan caso? —preguntó Irene muy seria.

—Bueno..., un intento de agresión, una amenaza verbal clara..., esto así no se sostiene.

—Genial, es impresionante —dijo Irene—. Vámonos.

Cuando llegué a la puerta, me giré de nuevo hacia su mesa. Abrí la cartera y saqué un billete de veinte euros. Se lo tiré con desprecio:

—Hazte un favor y apúntate a mecanografía.

El agente suspiró, hizo un gesto de compasión y se levantó de la silla dirigiéndose a mí. Me pidió que no me fuera. Que lo sentía, pero que tenía que sancionarme por lo que acababa de hacer. Que no se podía hablar así a un agente y que él no hacía las normas. En vez de salir de allí con una denuncia, lo hice con una amonestación administrativa. Perfecto.

La conclusión era que nadie podía hacer nada por mí. Me pregunté dónde estaban los Miami o los chulos esos de los que hablaban quienes fueron los malotes de cuarto de la ESO, esos que aseguran que conocen a peña que pega palizas por cien euros. «¿Dónde están? ¡Que yo los vea!» Porque toda esta gente conoce a uno, pero cuando los necesitas, resulta que quien le conocía era el amigo de un amigo de un amigo. Si con partirle una rodilla me bastaba. O mejor, un diente, que eso no lo cubre la seguridad social y tiene que soltar los euros para arreglarlo.

* * *

> Así que has estado en la comisaría, eh? Para que te hagan algo de caso no deberías ir vestida como una puta. Es solo un consejo. Con esa camisa naranja se nota que no llevas sujetador. Ya sé que normalmente prefieres que te miren los pezones a que te escuchen, pero deberías ser más lista

Recibí este mensaje nada más sentarme en el 39, camino de casa. Empecé a mirar a todos lados. Él no estaba en el autobús, pero era evidente que me estaba siguiendo. El usuario que me lo enviaba a Instagram esta vez se llamaba Humbert77. Era una cuenta recién creada. No le seguía nadie, pero él, casualmente, me seguía a mí, a Sergio, a mi editora, a algunas amigas y amigos míos y a otras compañeras escritoras con las que me llevaba bien. Obviamente, era alguien que me conocía. Ningún tipo de duda de que se trataba de él. ¿Es que no iba a parar? No podía más. No quería estar con él, ¿qué había de malo en eso? Nunca le había engañado, siempre le había dicho lo que había y hasta dónde estaba dispuesta a llegar, pero ¿por qué cojones me hacía esto? Otro mensaje:

> En cualquier caso, yo puedo mirarte y chuparte los pezones si tantas ganas tienes de atención. Me encantaría hacerlo. Además, estás a punto de llegar al barrio

Miré a través del cristal a ver si era alguno de los conductores de los coches de alrededor. No podía respirar, me faltaba el aire. Abrí una ventana y dos señores me echaron la bronca porque decían que entraba frío. En la calle haría nueve grados, pero yo estaba sudando. Me puse de pie en el asiento para asomar la cara y que me diera el aire. El conductor me llamó la atención. Le expliqué que me estaba mareando. Me insistió en que me bajara, porque era peligroso; no podía tener el bus en marcha con una usuaria haciendo malabares en los asientos. Me senté, posé las manos sobre mis rodillas, cogí aire y empecé a hacer respiraciones profundas.

«Cuenta hasta diez. Relájate. Vamos a encontrar una solución a esto.»

Volvió a sonar el teléfono, pero esta vez era Irene. Me explicó que acababa de recibir un correo desde una cuenta desconocida relatando que había fotos mías desnuda en un hilo de Forocoches, pero que no nos preocupáramos, porque él ya se había encargado de que las quitaran. Que solo le escribía para que estuviéramos al tanto de que había alguien tratando de manchar la imagen de una de sus escritoras. Le juré y le perjuré que aquello era imposible, porque ese cabrón no tenía nada mío. Solo estaba metiendo miedo. Ella me dijo que me tranquilizara, que estaba conmigo. Nadie más estaba en copia.

Me bajé del autobús y me costaba andar de nuevo. Otra vez tenía la vista nublada. No entendía bien cómo había llegado hasta allí, pero si algo tenía claro era que ese comemierda no me iba a joder todo lo que había construido.

* * *

Llamé a su telefonillo de manera insistente, pero no contestaba. No había nadie en la casa. Es que era evidente que el *apollardao* este me estaba siguiendo y, si me había visto montarme en el bus, lo mismo había cogido el siguiente y por eso no había llegado aún. Pero yo no tenía prisa.

Quince minutos después, apareció con las llaves en la mano.

—Quiero hablar contigo. —Me mostré segura.

—¿Qué haces aquí? ¿Ya estás espiándome otra vez?

—Abre la puerta. Necesito hablar contigo. —No titubeé ni mostré miedo. No me temblaban ni las manos ni la voz. Es bastante flipante como, cuando tomo la determinación de tirar hacia delante, soy capaz de volver a controlar mis intestinos.

Abrió el portal y me invitó a subir a su casa.

* * *

Estábamos sentados en el sofá. Me coloqué en una posición cómoda y le agarré la mano.

—Me equivoqué. Creo que mereces una oportunidad.

—¿Me lo estás diciendo en serio? —Se enterneció y acercó su cuerpo al mío.

—Sí. Me ha parecido muy bonito que a pesar de estar distanciados quisieras venir a que te firmara el libro. Eso sí, los mensajes que me mandaste…

Me cortó enseguida:

—Sí, ya lo sé, perdona. Estaba desesperado. ¡Y te deseo, Natalia! —Me agarró fuerte la mano—. Te deseo con todo mi ser, no puedo vivir sin ti. Me he pasado toda la vida solo, ninguna mujer me ha hecho caso nunca. —Sollozaba—. Me has cambiado la vida.

Adoptó un tono de telenovela que hizo que tuviera que aguantar la risa. El asco que me generaba era directamente proporcional a las lágrimas que empezaban a acumularse en sus ojos.

—Perdóname. —Me abrazó—. ¿Me perdonas?

—Sí, cariño. —Le acaricié el pelo. Los cuatro pelos.

—¡No vuelvas a dejarme, por favor! —Sollozaba agarrado a mis piernas con su cara entre mis muslos. Se veía como un flamenco enterrando sus vergüenzas. Su cuerpo desde esa posición resultaba rechoncho, arrugado y viejo. Pero esa súplica de clemencia era lo que le hacía realmente patético. No puedes ser un misógino maltratador para acabar perdiendo la dignidad en el primer asalto.

Me cogió la cara y metió su lengua en mi boca. Lo sentía como un pedazo de anguila cruda examinando mi interior. Era realmente repulsivo.

—Perdóname, mi vida.

No paraba de excusarse mientras me sobaba todo el cuerpo.

—Voy a darte lo que necesitas para que no quieras irte.

«Ah, genial, porque lo único que necesito es que te mueras.»

Se bajó los pantalones, me quité las bragas y me senté encima de él. Estaba sequísima, tuve que escupirme en la mano para poder meterla. Él me agarraba de la cintura y gemía con la boca abierta. Tenía las gafas medio ladeadas, como si le hubieran dado un bofetón. Joder, la grima que irradiaba era monumental. De verdad que en ese momento era incapaz de entender como esa carne podrida pudo resultarme excitante en algún momento. Mientras jadeaba, además, se le ponía una cara tan hostiable… Me giré hacia el san Pancracio. «¿No lo ves? ¿No te parece tan ridículo que solo quieres partirle la cara de perdedor que tiene?» El santo elevó los hombros y me dio una idea: «Escúpele».

Cabalgué con fuerza y apreté sus mofletes para que la boca se le pusiera en forma de *o*. Acumulé baba y disparé con un soplido fallido. Cayó un poco dentro de la boca y el resto se quedó enganchado en su barba de cuatro días. De repente, mi cuerpo tembló como un *subwoofer* en las fiestas de los pueblos. Mi coño parecía la fontana de Trevi y se me erizaron los pezones. Renacía. Volví a escupirle. Esta vez no traté siquiera de que le entrara en la boca. Fue directo al cristal derecho de sus gafas. Parte goteó y le dejó la mejilla manchada. No opuso ni media resistencia ni emitió comentario, de hecho, gemía más fuerte. Cogí el moco pegado en la gafa y se lo restregué por la frente. Me descojoné. Mis gemidos se mezclaban con las carcajadas. Le cogí del culo y lo apreté contra mí. Me restregué como si anduviera buscando que saliera fuego y me corrí. Me corrí fortísimo humillando a ese payaso. Me levanté de encima de él, no sabía si él había terminado y tampoco me importaba. Me quedé exhausta sonriendo al san Pancracio. «Amigo, tú sí que sabes.» Creo que puedo asegurar que me guiñó un ojo.

—Pero sube, por favor —me rogó con la polla en la mano.

—Estoy cansada, acaba tú.

Se colocó de rodillas en el sofá y se agarró con la boca a mi teta mientras se la meneaba hasta el final. Yo miraba tranquilamente Instagram.

* * *

¿Qué es? ¿Qué es? Me siento renacer. La piel más tersa, algo perversa, no lo puedo creer. ¿Qué es? ¿Qué es? Desapareció el dolor. Me siento fuerte, aborrecerte ya no me cambia el humor. ¿Qué es? ¿Qué es? Ni pastillas, ni yoga ni colgarse de internet, esto sí funciona, creo que es eso que llaman *poder*.

¿Será eso? ¿Tengo el control? ¿Era tan fácil como plantarme y hacer entender mi español? ¡Sí es! ¡Lo tengo! ¡El mundo a mis pies! Ahora entiendo cómo funciona, solo hay que verlo al revés. Irse de putas, desvirgar prepúberes, encamarse llevando la batuta. ¡Sí es! ¡Sí es! No excita un cuerpo joven, tampoco lo hace el amor, es el saber que eres tú quien lleva el control.

Una cosa me perturba que me puede hacer tropezar: este tipo sí me afecta, no lo puedo remediar. Aunque quiera negarlo, no puedo obviar que nadie odia ni hiere a quien le importa menos que un yogur al caducar.

* * *

Irene, venga, te tomo la palabra. Organiza una cena con Juan Sobreviela, que me apetece conocerlo un poco más. Y, por cierto, tienes un *mail* con el arranque del nuevo libro. Es sobre el poder y las relaciones desiguales. También estoy tratando de hacer una reflexión acerca del bien, el mal, quiénes son víctimas y quiénes verdugos. Creo que las acciones de la gente no se pueden medir en términos absolutos y, además, las personas no responden a un único estereotipo. Un día una es la mala, otro la buena y otro una secundaria. *Joé*, vaya chapa, es que me ha entrado la inspiración. A ver qué te parece. ¡Estoy muy contenta! Ojalá te guste. Dime algo en cuanto lo leas, porfa.

Enviado. Juan Sobreviela me parece un gilipollas integral, pero Irene quiere que le dé una oportunidad y no me gustaría distanciarme de ella por culpa de un ser repugnante como él. Además de que no me fío. Si empiezan a tener una relación más seria y ella se deja llevar por sus opiniones sobre mí… A ver, que es una profesional. ¡Y es mi colega! Pero yo qué sé. Mejor tenerle de amigo que de enemigo. O al menos intentarlo.

13

Carlota miraba el Instagram de Natalia de manera obsesiva cada noche antes de acostarse. Pensaba que la madre de Leo era joven, independiente, y, aunque se había separado, se la veía entrar y salir. Envidiaba su vida. A la gente le caía bien y le interesaba lo que decía y compartían historias leyendo su libro. Vio un *reel* en el que explicaba cómo darse de alta en una *app* de citas. Le pareció realmente valiente que una chica que acababa de separarse y con un niño pequeño hablase con esa libertad de rehacer su vida. Carlota y Mario llevaban juntos desde el instituto. Ella no había estado nunca con otro hombre. Nadie conocía el currículum de alcoba de él, ni siquiera ella. Nunca se lo preguntó.

Casi sin pensar se bajó la aplicación que anunciaba Natalia, pero era por mera curiosidad. Solo quería ver cómo funcionaba, qué ponía la gente, qué tipo de hombres había. Se hizo un perfil sin foto y con un nombre falso y empezó su labor de investigación. Le dio pena no haber nacido una o dos décadas después. Quizá entonces sí podría haber disfrutado de estas cosas de la vida. Pasaba una foto tras otra, se reía con las ocurrencias y peticiones de la gente, hasta que llegó a él. No se lo podía creer. Casi se cae de la cama cuando un primer plano de la cara de su marido apareció en la pantalla del teléfono. No pudo reprimir las lágrimas cuando leyó en la bio: «Veinteañeras. Bien dotadas y buen cuerpo. No busco nada serio, porque soy un hombre casado con una relación abierta, pero si nos gustamos, podemos tener todas las citas que quieras». «¿Relación abierta? ¡Qué relación abierta! Este sinvergüenza no abre ni las ventanas para ventilar, va a abrir la relación», pensó para sí. «Y pone su foto a las bravas. Le importa una mierda que alguien le vea y lo que pueda pensar de él. ¡Y lo que pueda pensar de mí!» Su marido desnudo se coló en su cabeza. Montaba a jovencitas de la edad de su sobrina. Apretó los ojos con fuerza para borrar aquella imagen, pero no se iba. Cogió la botella de agua de la mesilla y se la bebió prácticamente de un trago. Se giró hacia Mario, que leía el *Marca* tan tranquilo. Ella era invisible para él. No se había percatado de que le miraba, y mucho menos de que lloraba. En realidad, llevaba tiempo viviendo como un soltero con servicio doméstico gratis. ¿Desde cuándo tenía Mario ese perfil abierto? Se limpió las lágrimas y aclaró su garganta.

—Mario.

—Dime —contestó sin levantar la vista del periódico.

—¿Tienes amantes?

Cerró el *Marca* y se giró hacia ella:

—¿Estás llorando?

—Contéstame.

—No. No, claro que no tengo amantes.

—Enséñame tu WhatsApp.

—¿Cómo?

—Que me enseñes tu WhatsApp.

—Es mi vida privada, Carlota. No te voy a enseñar nada.

—No, Mario. Es MI vida privada. Nunca he desconfiado de ti ni te he pedido nada. Enséñamelo para que pueda seguir confiando.

—No voy a enseñarte nada. Pero ¡¿esto qué es?! ¿Qué te pasa? —Elevó la voz. Se estaba poniendo realmente nervioso.

—¡Que me enseñes el puto móvil!

—Controla el lenguaje, Carlota.

—¿Te crees que eres mi padre? Enséñame el móvil de una puñetera vez.

—¿Te has vuelto loca? ¿A qué viene todo esto?

—¿Loca? JA. No he estado tan cuerda en la vida.

—Carlota, mañana madrugo. Si no te importa, no estoy para tonterías.

—¿Qué tal las chicas jóvenes? ¿Follan bien?

—¿De dónde has sacado eso? ¡No sé de qué me estás hablando, Carlota!

—No sabes de qué te estoy hablando, ¿eh? ¿Seguro?

Mario se recostó sobre Carlota y la besó en los labios:

—Carlota, escúchame: no sé qué bicho te ha picado, pero te quiero. Solo a ti. A nadie más. Vamos a dormir, por favor.

Carlota meditó durante unos segundos si debía enseñarle lo que acababa de descubrir o si era mejor guardarse esa información para otro momento.

—Ponte el despertador pronto. Mañana llevas tú a Mariola al cole. No me encuentro bien y además voy a empezar a buscar trabajo.

Carlota se fue al baño, se lavó la cara y los dientes y se metió en la cama. Volvió a consultar el Instagram de Natalia. En la última foto que había subido se la veía feliz cenando con una amiga. Le entraron ganas de enviarle un DM. Pensó que no iba a saber que era ella. Al fin y al cabo, en la foto de perfil tenía una foto de su gata y se hacía llamar Carrie Bradshaw, como la protagonista de *Sexo en Nueva York*. Así que qué más daba. Sin darle muchas más vueltas, le dejó un comentario: «¿Y tu hijo dónde está? ¿Con su padre otra vez, no? Pobrecito».

14

Eché un ojo al Instagram de Verónica mientras el doctor me sacaba sangre de la cara para después centrifugarla y volvérmela a meter.

—Vamos a dejar tu sangre bien limpita —dijo el doctor.

—Este cacharro sería la mayor pesadilla de Voldemort.

—¿De quién?

—Nada, nada.

Qué pena que no se pudieran meter las bragas de la regla en ese cacharro. Bragas de regla o, como yo las llamo: bragas. La gente que dice que tiene bragas de follar o tienen mucho dinero o follan muy poco. Es como lo de la ropa de los domingos en los pueblos. Si solo necesitas ropa bonita un día a la semana, es que tu vida social es inexistente, como el título universitario de un colaborador de *El chiringuito*.

—Ahora te vamos a inyectar el plasma rico en plaquetas. Ya sé que lo sabes, pero me gusta que mis pacientes estén informadas de lo que vamos a hacer.

Tenía huevos que me llamaran paciente si no tenía ninguna enfermedad.

—En unos cinco días vas a estar brillante. Verás qué piel más luminosa —recalcó con ilusión.

Reparé en la última publicación del Instagram de Verónica. Sujetaba una tarta con las velas encendidas. Cumplía treinta años. «Tres décadas ya. Lo bueno es que con vuestros regalos se me ha olvidado que ya soy oficialmente vieja.» Había más fotos en carrusel. En una de ellas Julio le agarraba la cara y le mordía un carrillo.

«Hay que ser hija de la gran puta para decir que eres vieja con treinta años. Es tan ridículo como ver a una sílfide diciendo que ha engordado cogiendo medio pellejo de la cintura, insultante como un *influencer* quejándose de los lunes. Luego que si hay falta de representación de mujeres adultas en los medios de comunicación o películas. Si nosotras mismas validamos el marco de que estamos caducas con treinta, ¿cómo no lo van a seguir ejecutando los demás? No veo a tíos en tropel lamentando: "Uy, ya he llegado a los treinta, qué viejo estoy".»

El ruido de la lavadora sangrienta me estaba poniendo de los nervios. Vi que el aro alrededor de la foto de perfil de Verónica estaba encendido y la impaciencia se apoderó de mí. Había *stories* nuevas. Quería verlas. No podía ser que me generase más inquietud el contenido en redes sociales de esa pava que el hecho de que estuvieran haciendo gazpacho con mi sangre para luego volver a pinchármela.

«¿Soy gilipollas? Sinceramente creo que sí, pero yo también quiero tener las mejillas como un dibujo manga. Quiero la piel jugosa como si llevara encima un filtro de Instagram. Si hago *zoom* en las fotos de Verónica puedo intuir el rosita en los pómulos incluso los días que va sin maquillar.»

Pensaba en esto mientras creaba una cuenta de correo nueva, mariaisabelaeurovision@gmail.com, y con ella un perfil de Instagram. Si miraba las *stories* desde mi perfil, vería que la había estado cotilleando y daba por hecho que Julio le había hablado de mí. Lo mismo daba por hecho muchas cosas y no era el centro del universo de la gente, ni pensaban en mí ni hablaban de mí. Pero, por si acaso, mejor con una cuenta B.

Busqué en internet fotos de un chico mono, pijo como ella, con el pelo ensortijado y pantalones de lino. Subí seis fotos al *feed* y puse una de ellas como foto de perfil. Pensé en nombres de maridos de clase alta, como Tomás, Bosco, Jacobo o Beltrán. Venga, Jacobo. Y un apellido lustroso, aristocrático. Jacobo Domènec. Listo. Seguir. Pinché en el aro y empezaron a desfilar ante mí fotos y vídeos de la celebración de su cumpleaños. Había uno en el que le cantaban «cumpleaños feliz» y soplaba las velas. Quien grababa era Julio. Se oía su voz berreando bien cerca del móvil. Sin ser muy consciente de lo que hacía, y como si hubiera entrado en trance, lancé emoticonos de aplausos. Después le escribí:

Felicidades!!!

Debajo de mi felicitación saltó el mensaje «Visto hace un momento» y ella empezó a escribir una contestación.

Gracias!!!

Apareció en mi pantalla del móvil.

No todos los días se cumplen treinta años

Calla, calla, qué depresión

Subnormal.

Si ahora empieza lo mejor de la vida, mujer

—A ver, Natalia, estate quieta, que vamos con ello —me advirtió el doctor—. Voy a pincharte alrededor del cuero cabelludo, pómulos, entrecejo y patas de gallo. ¿Lista?

—Sí, dale. —Dejé el móvil en el bolso.

—Con esto, te vas a quitar de golpe diez años. Vamos, va a parecer que acabas de cumplir treinta, ¡no te digo más!

* * *

De la relación con Israel solo se me hacía cuesta arriba tener que besarle en la boca. Por lo demás, no me acosaba ni me jodía la vida y me servía de inspiración para mi libro nuevo. Ahora mismo me valía con eso. Sinceramente, volver a ser perseguida por un psicópata que usó a mi hijo de cartero y recibir audios de cómo se pajeaba se me hacía bastante cuesta arriba. No tenía un plan, más allá de tratarlo como a la basura que era, a ver si así él mismo decidía terminar con aquello sin llenarme las redes sociales de mierda o molestar a mis editores.

—¿Te gusto? —preguntaba entre jadeos mientras le cabalgaba sin ganas—. Contesta, ¿te gusto?

—Claro que sí, no lo ves. —Apuré el ritmo—. Ufff, Luis... —contesté aposta.

—¿Cómo que Luis? —Me separó de su cuerpo para mirarme a la cara.

—Ay, perdona. —Puse cara triste—. Venga, sigue, hombre. —Se mostraba desganado—. Ha sido una chorrada.

—Ya… —Volvió a apretarse contra mí, pero se quedó en silencio.

Mientras me subía las bragas, me abrazó por la espalda.

—¿Te ves con más gente?

—Claro, ¿tú no?

—No…

—Ah, pues no sé. Bájate Tinder. Yo ya te dije que desde que me separé no me puedo plantear nada que no sea esto.

—Sí, sí…, es que pensé que es lo típico que se dice, pero…

—Ah, no, no. Es así. Me gusta estar contigo, ya lo sabes. Pero no puedo prometerte ni exclusividad ni una relación.

—Bueno, a mí me gustaría intentarlo.

—Ya me lo has dicho, pero es que yo no puedo. Mira, ven, que te lo enseño.

Nos terminamos de vestir y nos sentamos en el sofá. Saqué el móvil y abrí la aplicación.

—Mira, es muy sencillo. Te van apareciendo perfiles y puedes mandar como una alerta de quién te gusta. Esa persona lo verá, si tú le gustas te devuelve la alerta y ya podéis hablar y ver si os apetece quedar o lo que sea.

—Parece fácil, sí.

—Ufff. —Solté una onomatopeya de mandril con ganas de aparearse y giré el móvil.

—¿Qué ha pasado?

—Nada, que me ha mandado mensaje un chico bastante guapo.

—Ah —manifestó con cara de derrota.

Empecé a mensajearme con el chico, forzando las caras de felicidad.

—Bueno, ya vale, ¿no?

—¿Qué pasa? —solté con cara de sorpresa e ingenuidad.

—Que vale que te veas con otras personas, pero no hace falta que quedes con ellos en mi cara.

—Pero, Israel… —Me levanté del sillón y fui hacia él. Le abracé, le besé y le acaricié la cara—. No te pongas celoso, anda, tonto.

—Joder, que acepto lo que me dices, pero que tampoco quiero ver con quién quedas.

—Vaaale. No te preocupes, que no vuelvo a hacer algo así delante de ti. ¿Estás enfadado?

—No.

—¿Seguro?

—Sí.

—¿Me haces algo de cenar y me quedo un rato más contigo?

—Vale.

* * *

—¿Vamos a publicar en Latinoamérica? ¡Guau!

—Están muy emocionados con lo que nos has enviado de la nueva novela. Quieren que seas una de las apuestas del año que viene.

Definitivamente tener a raya a Israel me había traído suerte. Pude pasarme bastante tiempo dedicándome en cuerpo y alma a mi relato. Primero dejó de molestar —lo que ya se tradujo como una notable mejora— y ahora esto. Mi cerdito de la fortuna.

—Enhorabuena, Natalia —me dijo Juan.

Era la primera vez que salía de su boca un cumplido hacia mí. Irene y Juan seguían sin reconocer que eran pareja, pero compartían cama todas las semanas y hacían vida social juntos. Quedé para cenar con ellos varias veces. El truco para que Juan y yo no discutiéramos era que no salieran temas conflictivos como feminismo, educación, trabajo o Pablo Motos. Un poco como una cena de Nochebuena familiar al uso.

—Me acuerdo de cuando me publicaron allí por primera vez. ¿Te acuerdas del viaje a Argentina, Irene?

—¡Sí! Nos lo pasamos genial.

—Ay, ¿vamos a viajar allí para hacer firmas? —pregunté extasiada.

—No lo puedo asegurar, pero todo apunta a que sí.

—¡Dios! Joder, qué alegría. Venga, vamos a brindar. —Así lo hicimos—. Nunca he estado allí, además.

—Bueno, tampoco te creas que te va a dar tiempo a ver mucho. El día que hagáis la firma, es casi llegar, comer, ir a la librería donde se vaya a celebrar, cenar con la gente de la editorial de allí e irse a dormir.

Joder con el asesino de la ilusión.

—Bueno, con tener un día más para ver alguna cosa, ya me vale.

—Que es trabajo, no vacaciones pagadas. No se te olvide.

Miré a Irene, a ver si hacía algún gesto ante la sobrada, claramente nacida de la envidia, que acababa de soltar.

—Hay tiempo para todo —dijo Irene—. Soy experta en hacer viajes yincana.

—¿Y cuándo fue ese viaje a Argentina que hicisteis?

—Pues como hace unos diez años. ¿No, Juan?

—¿Tanto? Yo creo que menos. ¿Ocho?

—Sí, no sé, puede ser.

—¿Y a qué más sitios habéis ido?

—A Argentina y a México. En México hemos estado unas tres o cuatro veces.

—¿Y fue hace tiempo también? —pregunté, curiosa, pero con ganas de incordiar.

—Unos cuatro años el último —se adelantó Irene.

—Pues a ver si cuaja y este viaje nuestro es el primero de muchos —rogué.

Charlamos animadamente durante un rato. Juan tenía que tener la última palabra en absolutamente todos los temas y hablaba como si hubiera experimentado trescientas reencarnaciones. Ninguna sorpresa. La verdad era que se palpaba cierta tensión conmigo, pero, aunque parezca lo contrario, no me gustan los conflictos ni los enfrentamientos directos. Bueno, si tengo las de ganar, sí me gustan. Además, beber vino siempre ayuda a sobrellevar situaciones incómodas. Y saber que no voy a pagar nada de esto, para qué mentir.

—Me han dicho que lo que estás escribiendo es realmente bueno. Tengo ganas de leerlo. —Parecía sincero.

—A ver si es verdad y esta vez me dedicas una columna más amable —solté.

Irene me miró con los ojos muy abiertos y Juan cogió la servilleta y se la pasó por los labios:

—Bueno, escribiré lo que me parezca, ni más ni menos —contestó pronunciando lentamente e incluyendo pausas como de actor de primero de arte dramático.

—Venga, dime la verdad. ¿Qué leíste? ¿Dos capítulos? Se notaban las ganas de importunar a la chiquita de moda. Hablabas más de lo que digo en redes que de lo que escribí en el libro.

—Lo leí entero y me pareció facilón, nada más. No es nada malo. Seguro que mejoras con el tiempo.

—¿Qué es lo que te parece fácil?

—Ahora es la moda del feminismo. Todo lo que sea una protagonista explicando lo malos que son los hombres y lo mal que lo hacen todo va a vender.

—Te puedo asegurar que no, Juan —respondió Irene—. Hace falta bastante más que eso.

—En cualquier caso, todo parecen historias de rencor. Aburre.

—¡Claro que son historias de rencor! Me han acosado por no querer continuar una relación, me han hecho de menos en trabajos, me dejaron la tripa como un acordeón en el parto, se han pajeado a mi lado en el metro, me han hecho creer que con una treinta y ocho estaba gorda y me consideran vieja desde que pasé los veinticinco, a no ser que quiera entrar en un mundo de prestigio masculino, que entonces seré la niña hasta que realmente esté vieja y ya consideren que no tengo nada que aportar. ¿Cómo no vamos a escribir historias desde el rencor? ¿Por qué es un sentimiento menos válido o interesante que el honor o la justicia?

Juan dio tres aplausos lentos. Habíamos roto la regla no escrita de no tocar temas complicados, estábamos metidos de lleno en trabajo y feminismo y la conversación se dirigía sin frenos al abismo.

—¿Has acabado? Estamos en una cena de amigos, esto no es tu Instagram.

—¿Cómo? ¿Por qué eres tan desagradable? —Irene estaba devastada. Se palpaba su derrota en la cara. Solo quería que nos lleváramos bien para poder tener un vida de pareja de lo mas común. Copas, cenas y vinos con amigos.

Pero Juan necesitaba que todo el mundo le rindiera pleitesía. No era capaz de meterse la lengua en el culo y le podían las ganas de dejar en evidencia a las personas que percibía como una amenaza para su estatus. No le importaba que aquello avergonzara a su pareja e importunara a quienes tenía alrededor. Él tenía que ganar. El problema es que lo que él consideraba una victoria era a todas luces una derrota. En resumen, era aún más cretino de lo que creía.

Debo reconocer, aunque sé que es egoísta, que me alegraba de no haber sido yo la que montara el pollo. También me sentí afortunada de que Irene se pusiera de mi parte, aunque dudo si fue porque tomó sus argumentos como un ataque a su profesionalidad o porque realmente consideraba que yo tenía razón.

—En cualquier caso, si es algo realmente bueno, escribiré sobre ello —contestó ignorando a Irene—. Si es otro libro de chicas contándonos lo difícil que es ser una chica, pues…

—¿Es que si la protagonista es una mujer ya es una cosa de chicas? ¿Es que las mujeres no merecemos ser protagonistas? —pregunté.

—Claro que sí, las ha habido toda la vida. Que parece que ya no nos acordamos de la teniente Ripley, por ejemplo. Pero es que ahora se meten tías con calzador en todos lados.

—También molaría no tener que acudir a ejemplos de hace doscientos años, pero bueno.

—Las mujeres también tenemos que poder contar nuestras historias, Juan. No es meter con calzador —interrumpió Irene.

—Ya salió la editora salvadora. ¡No te enfades, mujer! Que ya sé que tenéis que vender y que no queda otra que seguir las modas.

—Ya te he dicho que eso no va así. Y desde luego no edito a Natalia por moda, me encanta lo que escribe —afirmó con gestó serio.

—Venga ya, Irene.

—¿Disculpa? —espeté.

—¿Qué es lo que te gusta? —la increpó. Esta vez ignorándome a mí.

—Me gustan las historias que cuenta y su forma de narrar. Me parece que hay mucha verdad en lo que dice, se nota que quien habla no lo hace de manera impostada.

—Ahora va a resultar que, en vez de *influencer*, es la reencarnación de Clarice Lispector.

—No soy *influencer*.

—Hombre, un poco sí, ¿no? No hace falta que te avergüences.

—No me avergüenzo de nada.

—Quién lo diría viendo el tono que estás poniendo...

—Uso las redes sociales para dar publicidad a mi trabajo, pero mi profesión no tiene nada que ver con mostrar mi vida en internet.

—Que sí, Natalia, que sí. —Rio con aire vacilón—. Tus fotos en bikini del verano me las he debido de imaginar, entonces.

—Bueno, vamos a cambiar de tema. —Preferí no contestar. No me gustaba ver a Irene incómoda, bastante tenía con chupársela al tipo este.

—Que yo no estoy molesto, sois vosotras las que os habéis puesto serias. Se os dicen un par de verdades y, madre mía...

—¿No será que te da rabia que no te siga ni Dios?

—¿Pero de qué coño iba este tío?

—A mí las redes sí que me dan igual.

—Para darte igual, tuiteas, vamos a ver… —Cogí el móvil y entré en su perfil de Twitter—. Unos veinte tuits de media al día. Y los que compartes con los *links* a tu columna tienen, a ver, unos diez retuits. ¡Un éxito! Lo vuelves a retuitear tú mismo, ¡qué ternura! ¿Es por si no lo habían visto, no?

—Natalia, es verdad que las redes no son igual de importantes para todos los perfiles. —Irene intentó echarle una mano, aunque no la necesitaba.

—Algunos no las necesitamos para vender.

—¿Estás seguro? Qué nerviosos os ponéis cuando os sale competencia. —Sonreí.

—¿Quién es mi competencia? ¿Tú?

—Bueno, la verdad es que, viendo aquel Sant Jordi en el que coincidimos, ¿te acuerdas? Tienes razón, tú no eres competencia para mí —afirmé sin atisbo de broma en mi cara.

—¡Natalia! —Irene se molestó de verdad. Estaba de mi parte, sí, pero también estaba pillada por él.

—Camarero, la cuenta, por favor. —E hizo el gesto de firmar en el aire—. Chicas, creo que sobro aquí.

—Espera, Juan… —le pidió Irene.

—No, de verdad, Irene, no te preocupes. Yo pago esto y vosotras seguid charlando de vuestras cosas tranquilamente.

—No te vayas, por favor —le suplicó.

Quise echarle un cable, disculparme y pedirle que se quedara. Pero no me salió. El camarero trajo la cuenta.

—No te preocupes, Juan. Esto lo paga la editorial.

—Perfecto entonces, mañana hablamos.

Y se fue.

—Irene, lo siento.

—Es un gilipollas —me confesó con la cabeza entre las manos. Fue como si en vez de dirigirse a mí estuviera pensando en alto—. Y a ti ya te vale también.

—No tenía que haber dicho lo de la columna. Lo siento de verdad.

—Da igual, la culpa es mía. No tenía que haberos juntado. —Vibró su móvil en la mesa—. Buah, y ahora me escribe.

—¿Qué dice?

—Madre mía.

Leía en la pantalla del móvil con gesto de preocupación.

—Pero ¿¡qué dice, Irene!?

—«Me gustaría cambiar de editora. Espero que no te moleste, pero si realmente te gusta lo que escribe esa niña, creo que no estás a la altura para interpretar mis textos. Ya me dices si lo gestionas tú en la editorial o si tengo que hablar con alguien. Un abrazo.»

—«Esa niña.» Madre mía, es tonto del culo.

—Sí que lo es, sí.

—Se está haciendo el chulo, Irene. Dios mío, qué pedazo de subnormal.

—Bueno, vamos a tomarnos otra copa y ya mañana me encargo de esto.

—Sí, vamos a brindar. —Levanté la copa y la junté a la suya—. ¡Por que algún día inventen el botón de deschupar!

Se iluminó la pantalla del móvil. Era Israel. Me pedía por favor que fuera al barrio. Había bajado a por tabaco, se había dejado las llaves dentro de casa y estaba solo en la calle. Coloqué el móvil boca abajo y continué con la conversación.

15

Irene llevaba a sus espaldas doscientos quince libros, un aborto natural, dos ascensos y una amplia experiencia lidiando con gilipollas. Parecía ser que compadreaba con tantos en su trabajo que terminaba por cogerles cariño y por eso de vez en cuando se follaba a uno. No lo hacía por caridad ni por desesperación. Realmente le gustaban. Comprendía sus miedos y respetaba sus metas. Torear egos se había convertido en un *hobby* que dominaba con maestría. Cuando era necesario, explicaba sin daños por qué la editorial pagaba billetes en *business* a unos y en turista a otros. Sabía controlar que quien durmiera en *suite* no lo aireara, invitaba a todos a restaurantes caros y permitía escoger el vino. La profesión ya no es lo que era y ellos lo sabían. Algunos alcanzaban bastante prestigio —sin duda, su parte favorita del oficio—, pero ya eran muy pocos los que realmente vendían cantidades sustanciales o conseguían acariciar los tuétanos de los lectores. Hacía unas décadas, la prensa y el público los trataban como a tipos importantes. Tras la promoción de un *best seller* podían acabar fichados en tertulias de intelectuales en la televisión nacional; pero en los últimos tiempos, con suerte les ofrecían cien euros por columna en algún periódico digital. Desgraciadamente para ellos, eso ya no daba para vivir la vida padre mientras su mujer los aguardaba en casa con la cena caliente. La explosión de escritoras talentosísimas y el nombramiento de directoras de medios de comunicación —que tenían en cuenta a las que llevaban años vendiendo, pero todos olvidaban para las portadas de los suplementos— les obligó finalmente a repartir el pastel. ¡Alguno hasta se escondía tras un pseudónimo de mujer! Estaban desesperados y por eso de vez en cuando pataleaban como bebés. Pues digamos que Irene siempre llevaba pañales en su Louis Vuitton negro.

Si consiguiera no enredarse con ellos ya sería la hostia. Al menos no eran ni músicos, ni futbolistas ni toreros. Solo de pensarlo me daba un escalofrío. Juro que me chapo el coño con cemento antes que follarme a un futbolista de primera división. Un tío hetero con éxito y dinero era lo que se me aparecía en mis parálisis del sueño. Me daba más miedo que una cuenta bancaria en números rojos.

Cuando Irene llegó a la oficina, se encontró con un correo de Luis Paz, su jefe. La citaba en su despacho al mediodía.

—Buenos días, Luis. ¿Puedo pasar? —Se asomó a la puerta.

—Claro, siéntate.

Así lo hizo.

—Irene, ¿qué ha pasado con Juan?

—¿A qué te refieres? —preguntó sin miedo.

—Me ha escrito esta mañana diciendo que quería cambiar de editora, que hace tiempo que se siente incómodo contigo. —La miró fijamente—. Me gustaría saber qué es lo que ha pasado.

—¿Te ha dicho él que se siente incómodo conmigo?

—Sí. Dice que no es la primera vez que, a ver cómo lo digo, intentas tener una relación más cercana de lo normal con él. Que alguna vez, cuando habéis viajado, el momento de ir a dormir ha sido incómodo y que, como es posible que tengáis que hacerlo de nuevo, prefiere decírmelo ahora.

Irene no mostró miedo. Trató de asimilar todo lo que Luis acababa de comunicarle.

—¿Me estás diciendo que Juan te ha escrito para culparme de acoso laboral?

—Así es.

—¿Puedes mandarme ese *email*? Me gustaría tomar las medidas que considere. Es evidente que miente.

—¿Y por qué iba a mentir?

No podía reconocer que se había estado acostando con él. La realidad era que no miraban con buenos ojos las relaciones de esa naturaleza y no quería convertirse en la nueva buscona de la editorial. No sería la primera vez que la oficina se llenaba de chistes sobre compañeras que se encamaban con publicados incluso siendo mentira.

—Eso tendrás que preguntárselo a él.

—¿No vas a explicarme lo que ha pasado, entonces? Porque está claro que algo pasa.

—La verdad es que no. —Se levantó sin atisbo de preocupación—. ¿Alguna cosa más?

—No puedo enviarte ese *email*. Pero de momento voy a buscar a otra persona que le lleve.

—¿Por qué?

—Porque me parece lo más adecuado ahora mismo, Irene. Si no me dices lo que ha pasado, no puedo ayudarte y tampoco quitarle importancia a la acusación.

Irene sabía que si reconocía sus escarceos, era factible que la despidiesen, pero si consideraban la posibilidad de que fuera una acosadora, también.

—Necesito reposar lo que me has dicho, Luis. La verdad es que no me lo esperaba. No entiendo por qué Juan te ha dicho algo así.

Luis miró a Irene sin mediar palabra. Así que ella se sintió obligada a continuar.

—Creo que me gustaría hablar con él, quizá simplemente haya sido un malentendido y ha interpretado mal algún gesto amable que pudiera tener. Es que no lo sé, Luis.

—Está bien. —Se reclinó en su butaca—. Cuando hables con él me dices, por favor. No quiero escándalos de ningún tipo.

Irene salió del despacho y se fue directa al baño. No quería que nadie la viera llorar.

Se metió en uno de los cubículos y cerró con pestillo. No parecía que allí hubiera nadie más. Se sentó en la taza del váter y escribió a Juan.

> Juan, me gustaría hablar contigo. Creo que ha habido algún malentendido y querría solucionarlo entre nosotros. Tienes un momento para hablar?

Juan vio el mensaje, pero la dejó en leído.

* * *

—Toma. Quédatelas, por favor. —Israel me dio un juego de llaves de su casa.

—¿No tienes otra persona por aquí cerca a quien dejárselas? ¿Y si yo no estoy en Madrid o me pasa como el otro día y no veo el móvil?

—Bueno, pues te espero. Siempre será mejor eso que pagar sesenta euros que no tengo para que un tipo me abra la puerta con una radiografía.

No me hacía mucha gracia tener sus llaves. Me parecía un detalle bastante íntimo y yo no quería generar lazos de ningún tipo con él. Como insistía, las cogí y no le di más importancia.

Después de media hora decidiendo película, nos decantamos por *Sinister*. Me encanta ver películas de terror cuando llueve. Aunque luego me revuelvo en la cama si duermo sola, hay algo fascinante en experimentar el terror sabiendo que no habrá consecuencias, que es solo una película. Además de que me maravilla cómo nuestro cerebro puede sugestionarse tras el visionado: cada sonido de la calle o de las paredes se amplifica, vemos sombras y sentimos presencias inexistentes, nuestra piel se eriza con el roce del sofá y se nos corta el aliento si el móvil suena sin previo aviso. Todo nuestro cuerpo se pone en alerta, se prepara para enfrentarse a lo desconocido. Aunque a medida que cumplo años le pierdo miedo a lo sobrenatural. Ya no temo a los fantasmas, solo a los hijos de puta. Y a estos últimos, cada vez menos.

—¿Por qué no pones la calefacción?

—¿Te vale con esto, Nat? —Israel me acercó una manta del Ikea que tenía doblada sobre un brazo del sofá.

—Imagino que sí.

Me sirvió una cerveza y colocó un bol con palomitas que acababa de sacar del microondas.

—Oye, esta cerveza está calentorra. ¿Te importa traerme otra?

—No, claro. Espera.

Se llevó el vaso que estaba en la mesa y gritó desde la cocina:

—¡Están más o menos todas igual! ¿Te llevo otra cosa?

—Nada, tranquilo, tráeme la cerveza que te has llevado.

—Ya la tiré.

—Pues tráeme otra.

Trajo otra lata que sirvió en el vaso mientras yo rebuscaba en mi bolso el paquete de tabaco y el mechero. Los dejé sobre la mesa y agarré el bol de palomitas.

—Oye, ¿haces otro bol para ti? Es para no tener que estarme moviendo y saliendo de debajo de la manta, que tengo frío.

—¿Y si apoyas la cabeza en mis piernas?

—Prefiero en el brazo del sofá, que si no luego me duele el cuello.

—Bueno, no te preocupes. Quédate tú con las palomitas.

—Vale.

Le dio al *play* y se sentó a mis pies. Hizo como un gesto para coger la manta y taparse él también con ella. Cuando la tenía por encima de sus rodillas, moví las piernas y dejé las suyas al descubierto. Volvió a coger la manta. No dije nada. Unos diez minutos después, repetí el movimiento y volví a dejarle destapado.

—Nat…

—¿Qué? —contesté sin dejar de mirar la tele.

—Nada, que me estás destapando.

—Ah, perdona.

Seguimos viendo la tele y me levanté al baño.

—No la pares, ¿vale? Voy a mear, lo único, que me llevo la manta, que tengo frío.

—¿Te llevas la manta a mear?

—Sí.

Volví, me tumbé y me tapé. Solo a mí.

—Nat.

—¿Quééé?

—Nada, que me dejes taparme a mí también.

—Joder, pues dilo.

—Te lo estoy diciendo.

—Tío, estás rarísimo, ¿eh? Venga, mira la tele.

Seguimos viendo la tele y le pasé el pie por la cara.

—Me gustas mucho, lo sabes, ¿verdad, Isra? —Le sonreí.

—Sí, cariño. —Me devolvió la sonrisa.

De nuevo me giré y le dejé sin manta. Agarró con fuerza y me destapó los brazos.

—Tío, ten cuidado, que me destapas, joder.

—Pero si eres tú la que me está destapando a mí.

—Por favor, si me acabas de dejar la mitad del cuerpo al descubierto. Bah, me voy a mi casa, así no se puede ver nada.

—Pero no te pongas así, Nat, venga, te dejo la manta para ti sola. Si es que yo también tengo un poco de frío.

—Que no, que me voy, que estás insoportable, tío. Llevamos diez minutos de película y no haces más que moverte.

—¿Estás de coña, no?

—¿De coña de qué?

—Nada, vete si quieres, estoy un poco cansado.

—¿Ves? ¿Eso es lo que pasaba, no? Que estabas incordiando para que me fuera porque no querías decirme que querías estar solo.

—¿Qué estás diciendo?

—Nada, me voy. Ya veo lo mucho que quieres estar conmigo.

Hice como que me iba, aunque no tenía ninguna intención.

—Venga, ¿podemos empezar otra vez? Vamos a ver la peli tranquilos.

Me tumbé con toda la manta para mí. Se sentó a los pies y esta vez no intentó taparse.

—Ya no me apetece ver la peli. ¿Y a ti qué te pasa? ¿Ya no tienes frío? ¿Tanto dar por culo y ahora no te tapas?

—Pero si he decidido dejarte la manta a ti para no discutir…

—¿No será más bien que estabas tocando los huevos con la manta aposta?

—Natalia, por favor…

Cogí el mando, paré la película y me encendí un cigarro:

—Dime la verdad. ¿Ya no quieres estar conmigo?

—Natalia, claro que quiero estar contigo.

—¿Y por qué te comportas así?

—¿Así cómo, Natalia? Me vas a volver loco.

«Y lo que te queda, amigo.»

—Así, tratando de hacerme sentir incómoda. Lo mismo no fue buena idea que volviéramos a vernos… En realidad, nunca haces nada por mí.

—Hago lo que me dejas, Natalia.

—¿Y cómo sé yo que te gusto de verdad? ¿Que si damos algún paso más, luego no vas a hacerme daño otra vez o que me vas a dejar?

Me puse de pie. De verdad que mi actuación era de TP de Oro Revelación 2024.

—Eso no va a pasar, de verdad.

—¿Qué harías por mí?

—¿Cómo que qué haría por ti?

—Sí, ¿qué harías por demostrarme que realmente te gusto?

—Pero ¿a qué te refieres? ¿A un tatuaje o qué? Es que no entiendo.

Lo del tatuaje me dio una idea.

—Pues un tatuaje molaría.

—No tengo ninguno. Deja de tomarme el pelo, anda.

—¿Por qué iba a ser una broma?

—Si me hago tu nombre y luego no nos volvemos a ver más…

—Hay muchos tipos de tatuajes. No tienes por qué hacerte el nombre de alguien. —Chupé con ansia mi cigarro—. ¿Sabes lo que son las escarificaciones?

—¿Las qué?

—Las escarificaciones africanas.

—No, no lo sé.

Me senté a su lado en el sillón. Chupé de nuevo el cigarro y lo dejé en el cenicero. Busqué «escarificaciones africanas» en Google, pulsé en «Imágenes» y le mostré los resultados. Sus muecas de desagrado prendieron mi aversión hacia él.

—Pero eso son heridas, ¿no?

—Bueno, sí, pero no. Se consideran tatuajes. Es verdad que son cortes profundos, pero se hacen para que luego queden cicatrices con las formas que quieran.

Pulsó la imagen de un primer plano de una chica africana que tenía escarificaciones por toda la cara. Examinó la fotografía sin decir nada. Le cogí el móvil e hice una nueva búsqueda: «escarificaciones en la piel». Esta vez los resultados mostraban ilustraciones reconocibles sobre espaldas blancas. Los surcos dibujaban pentagramas, motivos hindús o las *f* que convirtieron en violín el cuerpo de Kiki de Montparnasse en la fotografía de Man Ray. Muchos de esos tatuajes se mostraban con la sangre rellenando las hendiduras de la piel. Un chico lucía una luna que parecía que se había hecho despellejándole la piel. El grosor de la línea en carne viva era tan grueso que daba la impresión de que habían levantado un centímetro de piel y habían tirado siguiendo la silueta del astro.

—Esto es superdesagradable. —Y retiró el móvil de su vista.

—Pues igual que cualquier otro tatuaje recién hecho.

—Puede ser, lo mismo es porque estoy más familiarizado con los tatuajes normales.

—¿Normales para quién? Estos también son normales.

—Bueno, que no me gusta eso.

—Y yo que te iba a decir que si nos hacíamos uno juntos…

—¿Uno de esos? ¡¿Qué dices, Natalia?!

Se puso de pie. Iba negando con la cabeza mientras llevaba platos y vasos vacíos a la cocina. Me asomé mientras tiraba los restos a la papelera y le pregunté si de niño nunca se había cortado con un cúter o algo así. Me dijo que no. Le enseñé mi cicatriz de la cesárea y le pregunté si le daba asco. Me dijo que claro que no. Le pregunté qué diferencia había visualmente entre hacerse una línea así y mi cicatriz. Me gustaba tenerla, tenía un significado y Dios sabe que, además de ser el sitio por el que mi hijo llegó al mundo, es también un símbolo de la fortaleza femenina.

—¿Nos lo hacemos? Una línea solo en el hombro. Así, si me dejas, nadie podrá leer mi nombre. Es más, puedes decir que es una cicatriz de alguna operación.

—Lo primero, no te voy a dejar. Lo segundo, ¿eso dónde se hace? ¿Lo hace un tatuador normal?

—¿Qué tatuador? —Cogí un cuchillo sucio de la pila—. Esto te lo hago yo en un segundo.

—Deja de vacilar. —Se puso a fregar los cacharros acumulados durante ¿una semana? Quizá más.

—No estoy vacilando. Te lo hago yo a ti y luego tú a mí.

Se quedó callado.

—¿Ves como no me quieres? —Me fui de la cocina y él salió detrás de mí.

—Pero ¿de verdad quieres que nos hagamos eso?

—Pero ¿por qué no? ¿No decías que querías hacer algo por mí?

—¡¿No quieres ir conmigo al cine y quieres atravesarme el hombro con un cuchillo?! —bramaba con el estropajo en una mano y poniéndolo todo perdido de jabón.

—No es atravesarte nada. Es hacer una escarificación. Pero da igual, está claro que no es tanto lo que sientes. En fin, no importa.

Se quedó mirándome muy serio.

—¿Y si se infecta?

—Pues como cualquier herida. Le echas alcohol o Betadine y le pones una tirita. Ni que te estuviera diciendo que te cortes un dedo…

—Que no, que no… —Volvió a la cocina.

Me encendí otro cigarro. «Eh, tú, ¿qué haces ahí parada.» Ya estaba san Pancracio. «Está a puntito de caer. Insístele.» Dudé. «¿Qué te pasa? ¿Ya no te acuerdas de sus gemidos en tu WhatsApp? Venga, sabes de sobra que, con poquito que insistas, lo tienes hecho.»

—Bueno, como veo que no te intereso, me voy —le dije con el bolso en una mano y el tabaco y el mechero en la otra.

—Espera. —Se secó las manos y fue al salón—. Házmelo, pero si veo que me duele mucho, paras. Y coge un cuchillo limpio.

Colocó una silla en medio del salón y se sentó.

—Perfecto. —Dejé el bolso y cogí un cuchillo y un boli que había en un bote en la estantería—. Voy a pintarte la línea que seguir con el cuchillo en el brazo, ¿vale?

—Sí. ¿Me va a doler mucho?

—No lo sé, no tengo ninguna escarificación hecha.

Pinté una línea desde la mitad del hombro hasta el codo.

—¡¿Dónde vas?! Mucho menos, Nat.

—A ver, ¿hasta dónde te la hago?

—Pues hasta aquí. —Colocó el dedo como a unos tres centímetros del hombro.

—¡Es muy pequeño! Bueno, lo hago hasta ahí y, si veo que no te duele, sigo.

—Pufff, házmelo hasta ahí, por favor.

—Lo vemos. Piensa que no es un arañazo, vale. Que tengo que hundir bastante el cuchillo para que cuando cicatrice se quede la marca.

—Sí, sí. Venga.

Posé el cuchillo en el hombro.

—Cuento tres y voy. Una, dos…, espera.

—Joder, Natalia. Hazlo ya.

—Voy a por alcohol y algodones, por si sangra mucho. Bueno, sangrar va a sangrar. Para que no se ponga todo perdido.

Coloqué el alcohol y los algodones en la mesa y volví a colocar la punta del cuchillo en su hombro. Pancracio nos miraba como si ahora fuera él quien había decidido pasar la tarde viendo una película. «¡Vamos, Natalia! ¡Lo tienes ya!»

—Venga, ahora sí. Uno, dos, ¡voy!

—¡Noooo! —Se levantó de golpe de la silla.

—Pero ¿qué haces?

San Pancracio aplaudía con ganas. Era quien más gozaba con la escena.

—No puedo, me da miedo. De verdad, tengo mucha aprensión a la sangre y a las heridas, no puedo.

—Bah, no te insisto más. De todas formas, es tarde.

Volví a coger mis cosas.

—Pero no te enfades.

—Si no me enfado, pero no entiendo que te dé tanta cosa, es una chorrada.

—Bueno, pues no puedo. ¿Te vas en serio? ¿No vemos la peli?

—Sí, si es que ya es tarde. No te preocupes.

Y levanté el mentón para despedirme de Pancracio con rubor. Sabía que en el fondo le había decepcionado.

16

Llamaron al timbre y pegué un salto que casi me caigo del sofá. Estaba completamente metida en las líneas del libro. Incluí la escenita de la escarificación en la narración. Solo me daba cosa pensar que Israel leía la novela y sentía que estaba atropellando su intimidad, pero a ver de dónde se cree la gente que se saca la inspiración si no es de la vida propia. Me gustaría tener una imaginación más prolífica, pero mi fuerte es reinterpretar las escenas cotidianas. Leer la verdadera intención de las decisiones que tomamos y descifrar qué pasa por la cabeza de alguien por cómo agarra un cigarro.

Abrí la puerta. Eran Sergio y Leo. Sergio me había hecho el favor de ir a buscar al peque al cole y llevarle después al parque para que yo pudiera aprovechar la tarde trabajando. Le vi muy bien. Se notaba que estaba haciendo deporte y por primera vez no sentí que me estuviera chantajeando con la mirada para volver con él. Me preguntó si había podido aprovechar el tiempo y me recordó que a Leo le tocaba ducharse.

—¡Jo, ducharme no! —protestó.

—¡¿Cómo que no, tío guarro?! Que se te va a quedar la cola pegada a los huevos. Venga, tira directo a la ducha y luego jugamos a la consola.

La consola, el santo grial de las nuevas generaciones. No hay nada que no se pueda conseguir después de nombrarla.

Leo se quitó la ropa, se metió en la ducha y me pidió que le abriera el agua y se la pusiera calentita. Había salido a su madre. Nos gusta el agua ardiendo. Somos como cangrejos siendo cocidos. Estoy segura de que podríamos morir con una sonrisa en la boca y sin darnos cuenta. Vamos aumentando la temperatura a medida que nuestro cuerpo tolera los grados y nos cuesta abandonar el agua una vez que nos hemos hecho al espacio.

De repente, reparé en un mordisco en la espalda de Leo. No me podía creer que otra vez estuviéramos en las mismas. Le pregunté quién había sido. No quiso contestarme y salió enfadado de la ducha. Insistí. Sabía que había sido Fernando. Ese niño parecía que tenía la rabia. Cada tres meses Leo aparecía marcado día sí y día también. Habíamos comentado este tema con la profesora mil veces e incluso lo hablamos con sus padres una tarde el curso pasado a la salida del colegio. Pero nada. Al final volvía a suceder.

—¿Por qué te enfadas y te vas? Te estoy preguntando, hijo. No te tienes que avergonzar de algo que no has hecho.

Se quedó mirándome sin decir nada desde la puerta del baño, con la manita tapando la piel marcada.

—Ven aquí, mi vida. Deja que lo vea.

Se acercó despacio y cabizbajo.

—Ha sido Fernando, ¿a que sí? Dímelo, mi vida, no pasa nada.

No hacía mucho, limpiando su cuarto, reparé en la orla que les hicieron en el último curso de infantil. La cara de Fernando estaba tachada. Se notaba que había utilizado un boli sin tinta o medio seco, porque los rayajos estaban marcados, pero la tinta azul no se apreciaba en todas las pasadas. Me hizo gracia imaginar a mi pequeño como un sacerdote vudú volcando toda su rabia en la imagen de ese matón infantil, a ver si así dejaba de importunarle. Cuando le pregunté si él había hecho aquello, empezó a gritar, me quitó la orla de la mano, la volvió a colocar en la estantería y me pidió que no le preguntara nada de sus cosas. Así lo hice.

—Si ha sido él, tengo que saberlo. Si no me lo dices, no vamos a jugar a la consola ahora, tú verás.

—¡Mamá, no! Me has prometido que íbamos a jugar.

—Eso era antes de que te viera lo de la espalda. Dime quién ha sido.

Pataleó y fingió que lloriqueaba, pero finalmente claudicó:

—¡Sí, pesada! ¡Ha sido Fernando!

—¿Solo te lo ha hecho a ti? ¿Se lo has dicho a la profe?

—¡Se lo digo siempre, mami! Pero a él no le importa.

Sopesé lo que le iba a decir.

—Vale, mírame, que te voy a decir algo muy importante. —Me miró—. Si vuelve a morderte o a pegarte o a hacerte daño de la manera que sea, le respondes.

—¡¿Qué dices, mamá?!

—Le das un bofetón. Te lo estoy diciendo en serio.

—¡Eso no se puede hacer, mamá!

—No te estoy diciendo que vayas pegando a los niños. Te estoy diciendo que, si hay un niño que no para de herirte y nadie hace nada para que no siga sucediendo, entonces ha llegado el momento de tener que defenderte. Si no lo haces, no va a parar. Y tú no quieres que siga, ¿verdad?

—No, no quiero.

—Pues tienes que defenderte, cariño.

—No lo voy a hacer.

Respiré hondo.

—Leo, ¿a quién persigue el perro?

—¿Cómo que a quién persigue el perro?

—De los otros animales. ¿Detrás de quién va?

—Ahhh, del gato.

—¿Y el gato detrás de quién va?

—Del ratón.

—¿Y qué opinas de esto?

—Nada, que es así.

—Ahhh, así que es así. Asumes que, como siempre te han dicho que el gato va detrás del ratón, simplemente es así. ¿Qué pasaría si te dijera que el ratón ha decidido defenderse porque no quiere que nadie se lo coma y, cuando lo ataca el gato, le salta a los ojos y se los muerde?

—¡Pero, mami, qué horror! ¿Por qué me dices eso?

—Así que es un horror que el ratón se defienda, pero que el gato se coma al ratón es lo normal y no pasa nada,

¿verdad? Estamos tan acostumbrados a que los matones hagan de matones que simplemente lo asumimos como parte de la vida, pero si luego el débil se defiende, es el malo y es un horror, y es que ya no se puede hacer nada sin que alguien se moleste. Mírame, Leo.

—¿Quééééé?

—Como vuelvas a venir con una marca y no le hayas pegado para defenderte, te voy a castigar sin consola.

Frunció el ceño y se giró hacia la ducha:

—¡Abre ya el agua, que tengo frío! ¡Pesada!

Me senté en el váter mientras le daba indicaciones para que la ducha cumpliera su cometido: que se frotase la cabeza, que se pasase la esponja por sobacos, culo, pies, etc. A la vez, miraba el móvil y contestaba wasaps. Me había pasado el día con la cabeza metida en el ordenador y tenía chorrocientos mensajes sin atender.

Además de cosas de trabajo, mi madre y grupos de amigos, había mensajes en el chat con Israel. Me había enviado una foto de su hombro. Mostraba varias rajas profundas y sucias. Eran como las líneas blancas de una carretera comarcal: marcadas de manera desigual y sin guardar las proporciones. La foto estaba acompañada de varios mensajes preguntándome si me gustaban y explicándome que le había dolido, pero que no había sido para tanto, que si estaba enfadada y que si nos veíamos pronto, que quería enseñármelo.

Justo en ese momento, me saltó una llamada de Irene. Me explicó que había una señora rica italiana, Mariana Fallaci, que tenía una finca en la Toscana y que daba becas a jóvenes escritoras para que pudieran acabar allí sus libros. Estaba muy emocionada y me costaba entenderla. Me pedía perdón por haber mandado lo que le adelanté sin pedirle permiso, pero básicamente me recomendaba que fuera pensando modelitos para la costa italiana. Este verano podría instalarme allí dos meses. Tenía cama y comida cubiertas. *Mamma mia, che gioia!*

Saqué a Leo de la ducha. Le coloqué el albornoz y le sequé el pelo frente al espejo.

Hay una cosa que no podía negar que estaba sucediendo. Cada vez que Israel era castigado yo recibía una buena noticia. ¿Eran solo un puñado de casualidades? Molaría que el karma no solo compensara o castigara al protagonista de la acción, sino que también tuviera un detalle con quien se toma la libertad de mantener el equilibrio cuando nadie hace nada. Al fin y al cabo, no se puede determinar si un acto está bien o mal sin tener en cuenta el contexto. Matar a alguien no está bien, pero si es en defensa propia, diría que está mejor que bien: es supervivencia. Aun así, tampoco me atrevería a definir qué es el bien y qué es el mal. Son conceptos culturales que cambian a lo largo del tiempo y del lugar. No es solo que algo que estaba bien visto hace cincuenta años ahora se pueda ver regular, es que incluso hoy lo que está bien en una parte del mundo está mal en sus antípodas. En lo que creo que todos estamos de acuerdo es en que los hijos de puta no se pueden ir de rositas, ni aquí ni en la Patagonia. Poner la otra mejilla no era algo que entrara en mis planes.

—¡Ahhhhhh, mami!

—¡¿Qué, qué?!

—¡Que me estás quemando! ¡Mueve el secador, hombre!

—Ay, perdón, mi vida. Venga, que esto está. Vete poniendo la consola.

* * *

> Viste esto? Qué hijo de puta, Natalia, estoy de los nervios

Abrí el enlace que me mandó Irene. Llevaba a la columna de Juan. Había publicado un artículo nuevo que se titulaba: «¿Y a nosotros quién nos cree?». Empecé a leer y básicamente se reconocía como un hombre acosado en el trabajo. No especificaba cuándo ni describía ninguna situación en concreto. Solo denunciaba que los hombres contaban con el hándicap de no poder revelar estas situaciones, porque lo que todo el mundo espera de ellos es que aprovechen la mínima ocasión para meter la pilila. Aseguraba que cuando la mujer que los presionaba era atractiva nadie les creía. Se limitaban a hacer chistes sobre lo afortunados que eran de que una mujer guapa buscara algo con ellos y los animaban a dejarse llevar y disfrutar de la situación en vez de buscar problemas donde no los había. Relataba que se sentían solos. Que no había ninguna persona que empatizara con lo incómodo del panorama y que incluso su hombría se ponía duda. Por un lado, no se entendía que no fueran capaces de defenderse de una hembra y, por otro, que simplemente no quisieran follársela. En definitiva, nadie los tomaba en serio. Ni a ellos ni a sus acusaciones.

Cuando acabé de leerlo tenía más mensajes de Irene.

Ha escrito a mi jefe diciendo que he intentado acostarme con él. No tengo ninguna prueba de que hemos estado liados porque las conversaciones privadas las hemos mantenido a través de Telegram y ahí teníamos un chat que se borraba todo nada más leerlo

No daba crédito a lo que leía.

Vamos a mantener la calma. En esta columna no te nombra. Está claro que está tocando los cojones, pero no habla de nadie en particular

Ella me contestó que si esto llegaba a Luis, su jefe, iba a entender perfectamente por dónde iba y que no le gustaban nada los circos mediáticos. Le pregunté si sabía qué iba a hacer. Me confesó que estaba totalmente paralizada. Le contesté que estaba con Leo, pero que al día siguiente, al dejarle en el cole, iba a donde estuviera.

* * *

—¿Qué hago, Nat? —Me costaba reconocer a esta Irene perdida. Cómo son de poderosos que, con un triste correo electrónico, tienen el poder de apagar nuestra esencia—. ¿Me van a despedir?

—No te van a despedir. Aparte de Juan, llevas a cuatro escritoras con más de cien mil ejemplares vendidos de sus últimas novelas. No pueden despedirte y lo sabes. Vamos, es que manejas muchísima información confidencial. ¡Este tío es un pringado!

—Me está acusando de algo muy grave, y todo ¿por qué?

—Porque se sintió humillado y esta ha sido su manera de vengarse.

—¿Qué hago?

—Decir la verdad.

El camarero se acercó con los cafés y las tostadas. Esperamos a que se fuera para continuar la conversación.

—No puedo decir la verdad, Natalia. No quiero ser la puta de la oficina.

—Si no das ninguna explicación para defenderte, parecerá que dice la verdad. ¿Qué prefieres, ser la puta o la acosadora?

—La acosadora, por supuesto. —Nos reímos.

—No, en serio. Tienes que contar lo que ha pasado.

—Bueno, voy a esperar a ver si se relaja.

El teléfono de Irene sonó. Se tapó la cara con las manos y un par de lágrimas le dibujaron dos líneas entre el maquillaje de las mejillas. Me enseñó la pantalla del móvil. Era Luis. Reenviaba la columna de Juan y la acompañaba de un mensaje:

Se levantó al baño de nuevo. Irene desaparece cuando se sabe vulnerable. No soporta que nadie crea que le pueden hacer daño, porque eso significaría que sabrían que le pueden hacer daño. Sostiene que es mejor ser temida que amada. Más de una vez ha repetido esta afirmación entre copas y risas. Yo siempre contestaba lo mismo, también con cuerpo de mofa: «¿Será mejor un punto intermedio, no? Como Victoria Federica, que lo mismo te hace una portada de *Vogue* que te atropella con un caballo. *Influencer* de día, Farruquito de noche». Lo cierto era que los últimos acontecimientos me habían hecho reflexionar y darme cuenta de que Irene siempre había tenido razón. Si la gente sabe que puede hacerte daño, no dudará en hacerlo cuando tenga la oportunidad. Estamos vendidos a la frustración de los mediocres, que solo encuentran consuelo en ver como tropieza el de al lado. Reparemos en que el rasgo común a toda la raza humana, da igual el lugar y la época, es que se ríe viendo a otros caerse. No estaba haciendo ningún símil, hablaba simplemente de observar a alguien darse una hostia. Cuanto más extravagante, ridícula y dolorosa parece, más gracia hace. Durante años en televisión, para mostrar la tecnología ultranovedosa de cámaras superlentas, utilizaban grabaciones de bofetones. Les parecía de lo más jocoso observar la jeta de un desconocido como si fuera un estanque de agua en el que acababa de caer una piedra. Si no hay nada que nos provoque tanta diversión como el dolor ajeno, ¿cómo vamos a renunciar a generarlo en otra persona cuando necesitamos consuelo?

Esperé mirando el móvil. Ya se había convertido en costumbre mirar la cuenta que creé con el perfil falso de Jacobo un par de veces al día. Me sorprendió que Verónica charlara con tanta frecuencia con un desconocido. De alguna manera, eso incluso hizo que me cayera algo mejor. Pensé que las pijas de su calaña jamás pondrían en peligro una posible boda en los Jerónimos. La verdad era que tenía curiosidad por saber hasta dónde podía llegar. Había subido una *story* con Julio. Alguien les había sacado una foto en un bar. Ella levantaba una copa y apoyaba la cabeza en su hombro. Contesté a esa imagen sin pensarlo demasiado:

> Qué suerte tiene tu novio

No tardó apenas en responder.

> Suerte la que tengo yo de tenerlo a él

Continué:

> Suerte la que tienes tú, sí. Pero no por estar con él, sino porque podrías estar con quien quisieras

Me siguió el juego:

Pero qué dices? Jajajaja

Sentencié:

Cuando le dejes, escríbeme!!!

Apareció en la pantalla un par de veces que escribía, pero no llegaba a mandar ningún mensaje. Al fin se atrevió:

Cuenta con ello

Irene se sentó en la mesa de nuevo. Le pregunté si estaba bien.

—Muy bien. Voy a contar la verdad. Al final he decidido que prefiero quedar de puta.

17

No podía creer lo que Mario le estaba pidiendo. Empezó explicando que la conversación sobre amantes del otro día le hizo pensar en que a lo mejor era una buena idea abrir la pareja. Carlota había llegado a convencerse de que quizá solo había entrado en aquella *app* por curiosidad, como hizo ella. Que al fin y al cabo era un hombre, así que la descripción de la bío no era tan grave. ¿Qué iba a buscar? ¿Viejas? Qué más daba si charlaba con chicas para pasar el rato. Mientras no hiciera nada, era un simple pasatiempo. Pero ahora esa petición la había descolocado. Le quedó claro que le movía algo más que el entretenimiento pasajero. Quiso decirle que sabía que buscaba citas desde sabía Dios cuándo, que se le habían cruzado sus fotos en Tinder, pero no se atrevió. Sabía que él se agarraría a que ella también tenía uno y no daría por válida la explicación que le diera.

Carlota había actualizado su LinkedIn y su Infojobs. Había presentado candidatura en varias ofertas, a pesar de que no contaba con la experiencia solicitada en la mayoría de ellas. No había recibido ninguna respuesta. En esos días había pasado de la ira al miedo. No quería estar sin él. No quería quedarse sola. ¿De qué iba a vivir y cómo iba a mantenerse? No. Tenían que solucionar aquello.

—Podríamos intentarlo. No tiene por qué ser definitivo —trataba de convencerla con una sonrisa y agarrándole las manos.

—Ya no me quieres, ¿verdad? —le preguntó con gesto de preocupación.

Follaban religiosamente cada sábado. La llegada de Mariola no interrumpió su *planning* sexual, ni siquiera al principio. Carlota recordaba que los primeros meses de vida de su hija estuvieron marcados por los terribles dolores de la cesárea. No podía apenas andar. Toser era un suplicio; cagar, una condena. Aun así, hacía el esfuerzo de abrirse de piernas cada fin de semana a eso de la medianoche para que Mario no se quedase con las ganas. Era solo un día de cada siete. Si había sacado una pelota de baloncesto, podía lidiar con un pincel. A él no parecían importarle demasiado las caras de sufrimiento ni los quejidos de su mujer —lo mismo pensaba que eran gemidos de placer— y ella solo quería tenerle bien atendido.

—¡Claro que te quiero! Es solo que siento que me apetece tener experiencias nuevas.

—Yo creo que lo que quieres es llevar vida de soltero con comida caliente en la mesa.

—¡No digas tonterías, Carlota!

—¿Es porque he engordado?

—Para ya, Carlota. No me puedo creer que a ti no te apetezca acostarte con alguien que no sea yo; llevamos más de veinte años juntos. No hablo de tener otras relaciones, hablo solo de sexo, pues, no sé..., si salimos con amigos o algo así. Nada serio.

En ese momento, Carlota se dio cuenta de que no tenía amigas. Conocidas, sí: las madres el AMPA, alguna vecina. Gente con la que tomar un café, pero no amigas. A esas les había perdido la pista cuando nació Mariola. Fue progresivo, claro. Mantenía el contacto en grupos de WhatsApp en los que se felicitaban los cumpleaños propios y de los hijos y se comentaban chismes y muertes célebres, pero solo se veían una vez al año en una comida que organizaban en Navidades. Mario, sin embargo, tenía bastante vida social. Al menos un día de entre semana, normalmente los jueves, se tomaba algo a la salida del trabajo y de vez en cuando salía con sus amigos de fiesta. Todos los años corría la San Silvestre con dos colegas y en verano se iban juntos al Txunami Festival.

Carlota había dejado su trabajo para ocuparse de Mariola y de la casa. La guardería costaba unos quinientos euros al mes y era simplemente inviable con la economía familiar. Les salía más a cuenta que uno de los dos se quedara en casa y, claro, ella era recepcionista en una empresa familiar de informática, pero Mario era jefecillo en Iberdrola. La idea era retomar su carrera profesional cuando la niña tuviera tres o cuatro años, pero había llegado esa fecha y parecía que seguía sin ser el momento de volver a incorporarse al trabajo. Además, Mario había crecido bastante en la compañía y en ese tiempo ya le habían subido el sueldo dos veces. No necesitaban el dinero que ella pudiera traer a casa, pero sí necesitaban poner lavadoras, hacer la compra, cocinar, llevar y recoger a la niña del colegio, llevar y recoger a la niña de las extraescolares, lavar los platos, hacer camas, cambiar sábanas, tender la ropa, recoger la ropa, planchar la ropa, doblarla y colocarla en los armarios, recoger juguetes y una retahíla de tareas que nunca acababan.

Al cumplir Mariola un año, no quedaba ni rastro de la Carlota que había estudiado FP en las Salesianas de plaza Castilla ni de la Carlota que aspiraba a un puesto de comercial en su empresa, ni de la que todos los viernes llegaba la primera al Nike y esperaba al resto con un botellín en la mano. También había dejado de salir en las fotos. No le gustaba lo que veía, pero tampoco le daba especial importancia. Simplemente, su cuerpo no se había recuperado bien del parto, no tenía tiempo para eso. Lo importante era que las cosas de la casa estuvieran en orden y que Mariola estuviera bien.

—No quiero estar con nadie que no seas tú. No me gusta esta idea. No es lo que yo esperaba de mi vida contigo, la verdad. No es lo que nos prometimos cuando nos casamos.

—Pero ¿hablas de la iglesia? Eso es un paripé, hombre.

—¡Lo sería para ti!

—Sabes de sobra que lo hice porque querían tus padres. Yo nunca he sido creyente.

—Me da igual, no desvíes la conversación.

—Mira, Carlota, yo prefiero hablar las cosas y decirte la verdad. No quiero acabar haciendo algo y engañarte, creo que eso sería mucho peor.

—Ya no me quieres. ¿Es un primer paso antes de dejarme o algo así?

—Pero ¡¿qué dices?!

—Mi vida sois tú y la niña. No tengo nada más.

—Precisamente lo que te estoy diciendo es que puedes tener más.

—Sabes de sobra que no puedo tenerlo.

—¿Por qué no?

—Da igual.

* * *

Esa noche Carlota se miró al espejo y se puso a llorar. «Es porque he engordado», se convenció. Pensó que ella no encajaba en lo de «bien dotada» ni en lo de «buen cuerpo». De repente vio en su figura a su enemigo. Se sintió tremendamente frágil e indefensa. Posó las yemas de los dedos en sus mofletes y arrastró la carne hacia abajo. Sus pómulos se convirtieron en barro que desfilaba hacia el suelo como la lava de un volcán. Carlota miraba sus manos con expectación, cada vez que las posaba en una parte de su cuerpo, esta se transformaba en arcilla. Los pliegues de su vientre se fundían y dejaban al descubierto una cintura minúscula y unos abdominales de gimnasio. Sus muslos ya no rozaban, ni sus rodillas parecían la cara de la Virgen del Socorro. Tuvo el impulso de reducir sus tetas, pero luego pensó que estaban bien así. ¡Dios santo, volvía a tener tobillos! Una vez que todo el sobrante se desparramó por el piso, sacudió los pies para quitárselo de encima. Entonces se giró y observó un culo de pollo, pequeño.

—¡Mamáááááá! ¿Me lees un cuento?

La magia de sus manos se esfumó y, con ella, la imagen del espejo.

—¡¿No puedes pedírselo a tu padre?! —contestó a gritos desde la habitación.

—¡¡¡Porfa, ven tú!!!

—Mi nombre es Blancanieves —respondió la muchacha.

Los enanos dijeron:

—Si puedes limpiar nuestra casa, cocinar, tender las camas, lavar, coser y tejer, puedes quedarte todo el tiempo que quieras.

Blancanieves aceptó feliz y se quedó con ellos.

—¡Menuda basura de cuento!

—¿Qué dices, mamá?

—Que le dejan quedarse con ellos si les hace de esclava. ¡Vaya! ¡Qué generosos! ¿Qué pasa? ¿Que además de enanos son mancos?

—Pero, mamá…

—¡No hay pero! ¿Sabes lo que pasa si haces las cosas gratis? ¡Que no tienes nada! Que te ven como a una chacha, como alguien inferior a ellos. ¡Que dejan de quererte! Y no solo eso, quieres ir a hacerte las uñas y tienes que discutir por veinte euros con tu marido. De repente todo lo que es para ti les parece un gasto inútil. Seguro que llega el día de su cumpleaños y estos sinvergüenzas le regalan una Roomba.

—Nosotros te regalamos una Roomba por tu cumpleaños, mamá. ¿No te gustó?

—¡¡¿Te gustaría a ti que te regalaran por tu cumpleaños bolis para hacer los deberes?!! ¿A que no te gustaría? Noooo, tú quieres un Furby. Pues yo igual. ¡Yo también quiero mi Furby!

A Mariola se le llenaron los ojos de lágrimas.

—Más vas a llorar a partir de mañana. Tú te vas a hacer tu cama, y tu padre, la suya, a ver si os entran ganas de volverme a regalar otra Roomba el año que viene. ¡Y si te vuelvo a ver leyendo eso, te castigo sin la mansión de Barbie!

—¡Mamá, pero siempre me dices que lea antes de dormir! —respondió Mariola alarmada.

—Pues lee la Constitución española, que ahí dice bien claro que somos todos iguales y nadie tiene que andar limpiando gratis la mierda de nadie. Mañana no juegas con la mansión. —Y salió del cuarto dando un portazo.

18

—Nat, te he comprado un regalo.

—¿Sí?

—Sí. Toma.

Israel me dio lo que era claramente un libro envuelto en papel de regalo.

—¿Un libro?

—Ábrelo.

Era *Insolación,* de Emilia Pardo Bazán. Me chiflaba Emilia y me chiflaba *Insolación.*

—Ufff, no me gusta nada esta escritora.

Lo tiré sobre la mesa y cogí el móvil. Tenía varios wasaps de Irene.

—Creía que te encantaba.

—¿Emilia Pardo Bazán? Por Dios, si está sobrevaloradísima.

—No sé, yo no he leído nada de ella.

—¿Y regalas libros que no has leído?

—Sí, bueno…

—Ya.

—¿Te dejo el *ticket* y lo cambias por uno que te guste?

—Uy, no. Yo no tengo tiempo para eso.

—Bueno, no pasa nada. ¿Qué quieres de cenar? ¿Te hago algo?

—No, he quedado.

—¿Con quién?

—No preguntes, que luego lloras.

Cogí el bolso y me dirigí a la puerta.

—¿De qué vas?

—¿Perdona? —Me giré hacia él bastante sorprendida de su respuesta.

—¿Crees que puedes tratarme como si fuera una mierda? —Se apoyó en la puerta y la cerró de golpe.

—Disculpa, es solo que he quedado para cenar y llego tarde. He quedado con Irene.

—No mientas, mentirosa.

—No te estoy mintiendo.

—Viniste a mi casa a decirme que querías intentar tener algo conmigo y desde entonces lo único que has hecho ha sido humillarme un día tras otro.

—Isra, no... Déjame hablar.

Estaba muy asustada. Quise acariciarle la cara, pero se impuso con un manotazo.

—¡Déjame hablar tú a mí! Intento ser un buen hombre para ti, me esfuerzo en quererte y comprenderte. En saber tus gustos y que no te avergüences de mí. Pero tú no solo no has intentado nada, también me has insultado y te has reído en mi cara. —Le temblaba la boca. Me costaba entender alguna de las palabras de lo iracundo que estaba.

—¡Eso no ha sido así!

—¡¡¡Puta asquerosa, te voy a destrozar la vida!!!

Se tiró encima de mí, pero conseguí zafarme. Afortunadamente yo era claramente más ágil que él. La mierda acumulada en su salón se interponía entre nosotros y me permitía unas décimas de segundo para encontrar soluciones.

—Isra, tienes que escucharme —supliqué.

—Ya estoy harto de escucharte, zorra. No te voy a dar más la oportunidad de engañarme. ¡Sucia, asquerosa!

Se quitó el cinturón, formó una *o* con él y lo sostuvo amenazante en su mano derecha.

—Isra, te vas a arrepentir de lo que sea que quieres hacer.

—Tú te vas a arrepentir de cómo me has tratado. —Hizo un giro para agarrarme y tropezó con un montón de revistas, que acabaron desparramadas por toda la habitación. La puerta de la calle no estaba cerrada con llave. Solo tenía que llegar y largarme. Él no bajaría ni de coña las escaleras tan rápido como yo. Si llegaba a la puerta, era libre—. Hoy voy a ser yo el que se ría, que tú ya lo has hecho bastante.

Soltó el cinturón hacia mí y noté un pellizco en la cintura. Grité de dolor. Con el san Pancracio en la mano, me abalancé sobre él y se lo clavé en la hendidura, aún algo blanda, del hombro. Tenía que habérselo clavado en el ojo o la boca, porque no se inmutó lo más mínimo. Me agarró con los dos brazos y me tiró en el sofá. Hizo ademán de bajarse los pantalones, pero en ese momento flexioné las piernas para coger fuerza y le pateé en el estómago. Cayó hacia atrás por encima de la mesa y se golpeó en la cabeza con el mueble de la tele. Me levanté de golpe. Estaba inconsciente. Me dio una arcada. Dios mío, ¿le había matado? Vomité al lado de su cuerpo encima de la alfombra. «Por favor, que no le haya matado, por favor.» Era lo único que mi cabeza se repetía una y otra vez. Le puse el dedo debajo de la nariz. Estaba apagado, pero respiraba. Cogí mi móvil para llamar a urgencias y, en ese preciso instante, entró un mensaje de Julio. «¿Cómo estás? Acabo de ver en tu Instagram que te has cambiado el pelo. Estás muy guapa rubia», leí en la pantalla. No daba crédito. Israel carraspeó a mi lado y abrió los ojos.

—¡Israel! —Le abofeteé suavemente la cara y solté el móvil—. ¡Di algo!

—Estoy bien —susurró.

—Déjame verte.

Le giré la cabeza. La verdad es que no se había hecho sangre, aunque sí se observaba un tremendo monte morado en la zona del occipital.

—Te he vomitado todo.

—Déjalo. Por favor, márchate.

—Pero…

—Vete de una vez, por favor. —Hizo por levantarse.

Cogí mis cosas y corrí hacia la puerta antes de que le diera otra vez por querer hacerme daño.

* * *

Al salir de su portal me apoyé en un árbol a vomitar, aunque de las arcadas solo salían gruesas cantidades de babas compactas. Me sequé con la manga de la camisa y me encendí un cigarrillo. Andando hacia mi portal, recordé el mensaje de Julio. No podía ser. Casi había matado a Israel y Julio volvía a escribir después de no sé cuánto tiempo. Estaba pasando. No estaba loca.

Era hora de centrarme: «Pongamos que esto es tal y como parece. Ya está. No necesito más ayuda del destino, puedo seguir yo sola». Mi novela en la calle iba fenomenal y la que estaba escribiendo también. Al menos todo el dolor que me provocó me sirvió de inspiración para el arranque del libro. Ya tenía título, *Ansia,* y la portada. Una ilustración preciosa de Mercedes deBellard. Llevaba casi un tercio escrito y a Irene le estaba encantando. Me habían concedido una beca para terminarla y hasta Julio acababa de escribirme. Casi tengo un disgusto serio con Israel, todo apuntaba a que alguien en ese piso tenía muchas papeletas para acabar gravemente herido. La vergüenza me arrastró hasta el salón de su casa. Vergüenza de que las familias de los compañeros de mi hijo hablasen a mis espaldas, de que sus propios compañeros le dijeran algo, de que Sergio se enterase de mi aventura… Pero yo ya no era la Natalia de aquellos meses. ¿Qué más daba? Además de que si sentía vergüenza de que supieran que me había estado acostando con él, a lo mejor seguir haciéndolo no era el mejor de los planes. Pero repito de nuevo, ¿qué más daba? No podía pasarme la vida acostándome con un tipo que me repugnaba por miedo. Cuando entraba en ese vertedero que tenía por salón me convertía en un ser terrible. Si tenía que cambiar al niño de colegio, lo haría. Se lo explicaría a su padre, no me importaba. Como si me tenía que cambiar de barrio. Tenía que enfrentarme a esto, no había mucho más. Al igual que Irene, creo que yo también escogí que pensaran de mí que era una puta. No podía más.

Me di la vuelta y volví a su portal. Piqué a su puerta y le pedí que me abriera de nuevo. Así lo hizo. Se sentó en el sofá, aún aturdido, me pidió que dijera lo que quisiera y que luego me fuera, que estaba cansado. Me disculpé por lo que había pasado. Por todo, no solo por lo de aquella noche, y le reconocí que nunca debí haber intentado nada porque nunca sentí nada. Le expliqué que ya no quería verle más y que, después de hasta dónde habíamos llegado esa noche, era evidente que debía ser así. Permaneció callado. Proseguí. Le dije que no quería que me acosara de nuevo y que, si volvía a hacerlo, hablaría con la directora del colegio. Fue pronunciar esa frase, que ni siquiera iba en tono de amenaza, y aprecié en su cara cómo el miedo se apoderaba de él. Continué explicándole que no me importaba reconocerle a mi exmarido nada de lo que había pasado. Me conocía, no iba a sorprenderle y tampoco podía enfadarse más conmigo. Me sentía fuerte y segura. Fui capaz de explicarle de manera serena y sin titubear que, si trataba de hacerme volver por las malas, esta vez no le iba a salir bien. Que por favor respetara mi decisión.

—¿Has terminado?

—Sí.

—Genial, vete ya.

Miré a san Pancracio, pero solo era un cacho de plástico descolorido, viejo y con restos de vómito alrededor.

* * *

Salí sonriendo del portal, podía jurar que pesaba menos. Caminé rápida a casa. Estaba deseando tirarme en el sofá y encender la tele. Llamé a Irene para contarle y ya de paso preguntarle si había alguna novedad de lo suyo.

—Justo iba a llamarte yo —soltó nada más descolgar—. Ha palmado la vieja.

—¿Qué vieja?

—La italiana. La que daba las becas. Me acaban de llamar.

—¿Eso qué significa?

—Pues que se suspenden las becas que había apalabrado. Ya lo siento, Nat.

—No jodas, Irene.

—Ya, era un planazo, la verdad.

—¿Y te han llamado ahora mismo?

—Ahora mismo, ha sido colgar y entrar tu llamada.

—No me lo puedo creer.

—Ya, es que vaya mala suerte.

—Es que, Irene, me pasa una cosa rarísima.

—¿El qué?

—Bueno, nada. Voy a entrar al ascensor y se corta. Hablamos mañana, ¿vale?

Si se lo contaba a alguien, me iban a tomar por una completa chalada. Aun así, decidí llamar a Irene otra vez.

—Irene, perdona, es que necesito compartir lo que me está pasando.

—¿Qué te está pasando?

—¿Te acuerdas del acosador?

—¿Ha vuelto a molestarte?

—No, no. A ver, no me juzgues, por favor. Decidí continuar con la relación para que dejara de acosarme...

—¿Qué dices, Natalia?

—Por favor, déjame que te lo explique. Tenía miedo de que cancelaseis el proyecto y de que le hiciera daño a mi hijo, no sé, estaba muy mal con lo de Julio, pero ahora estoy muchísimo mejor. La cosa es que no me he estado portando bien con él.

—¡Faltaría más!

—Ya, pero creo que he sido bastante cruel con él. En cualquier caso...

—¿Qué pasa, Nat? Me estás asustando.

—Cada vez que le hago algo malo, a mí me pasa algo bueno. —Irene se quedó en silencio—. Ahora mismo acabo de ser sincera con él y de decirle que quería acabar con esto y resulta que me han retirado la beca.

—Pero ¿qué cosas malas le has hecho? Bueno, no quiero saberlo. En cualquier caso, ¿esto no es de lo que va tu nueva novela?

—Sí.

—¿Y no me estarás diciendo esto porque estás atascada y quieres ver por dónde salgo a ver cómo continúas, verdad?

—¡Irene, no, joder! Esto es serio. —Se hizo silencio de nuevo al otro lado. Creo que escuché un suspiro—. Siempre ha sucedido inmediatamente. Es como que se me recompensa o se me castiga, pero es algo inmediato, Irene. No puede ser casualidad. —Silencio de nuevo.

—¡Buah, Natalia! ¡Casi me la cuelas! Anda, que está claro que el libro te va a quedar genial. Siéntate a escribir, que no hace falta que me estés metiendo trolas, que me asustas.

—Ya…, me has pillado. ¡Qué lista eres, Irene! —dije derrotada—. Bueno, ¿y lo tuyo cómo va?

—Ahí seguimos. Ya te contaré en persona.

19

Era incapaz de masturbarme. Me dolían el brazo y la entrepierna de frotar sin resultados. Intentaba concentrarme, pero se me colaban imágenes macabras. Los sesos de Israel desparramados por la acera después de haberle empujado por la ventana. Su cara y la nariz estampadas en la luna del coche después de un acelerón voluntario. Quizá colgado por las tripas de una rama maciza en mitad de la Casa de Campo. Me concentraba en el porno del móvil, pero seguía sin sentir nada. Yo no soy así, no me gusta hacer daño a la gente y a la vez pensaba en la cantidad de cosas buenas que me regalaría su muerte. Quizá me compraran los derechos de la novela nueva para convertirla en una película. ¡O en una trilogía! ¡O en una serie! Ufff, ¿quién haría de mí? Podría ser Najwa Nimri. Sí, sí. Ella sería increíble. Najwa Nimri jodiendo con…, con… Juan Echanove. ¡Sí! Aunque pobre Najwa, qué asco. Quizá, al ser una muerte violenta, el premio sería aún mayor. Quizá los americanos adquirieran los derechos para hacer su propia versión. Ufff, veía a Brie Larson y a Jonah Hill entrando por la alfombra roja a la presentación de *Ansia*. ¿Cómo se decía «ansia» en inglés? *¿Craving? ¿Anxiety?*

Ojalá pudiera dejarme llevar y descubrir con qué me recompensaría la vida por librar a la humanidad de semejante puerco. Sería tan placentero actuar sin pensar en las consecuencias, simplemente seguir el instinto detrás de los impulsos, como cuando era una niña. Tomábamos iniciativas salvajes, como cruzar sin mirar, meter una pajita por el culo de un sapo y soplar hasta reventarlo, esnifar un plastidecor o beber lejía. Nuestra vida se regía por las decisiones bárbaras. La venganza en caliente es quizá lo único que queda en los adultos del niño que fuimos. Madurar es calibrar consecuencias. Las decisiones bárbaras nos separan de los abogados, las esposas tradicionales, los matemáticos y los juristas. En resumen, de la gente coñazo. Las decisiones bárbaras nos convierten en humanos y hacen la vida interesante. Si quiero relacionarme con máquinas, cojo mi Satisfyer. De hecho, era exactamente lo que iba a hacer.

Ni el succionador ni la bolsa de patatas fritas que engullía consiguieron aplacarme.

20

—¡Pero es que las niñas de ahora no tienen ninguna vergüenza! ¿Veis cómo posan? Y van medio desnudas. Yo no sé cómo las están educando en sus casas. —Carlota estaba escandalizada—. Luego vendrán los disgustos.

—Hay que tener cuidado, eso seguro. Pero no creo que tenga que ver con lo que les enseñan en casa, Carlota —contestó la madre de Pablo.

Charlaba con un par de compañeras a la salida de una reunión del AMPA. Habían pasado la tarde organizando una excursión con los niños al teatro para ver un musical de *Heidi*. Lo más probable era que luego también acompañaran a los niños ese día para ayudar a la profe.

—Ya te digo yo que Mariola no va a subir nunca esas cosas —sentenció.

—¡No hables mucho, que lo mismo en unos años te arrepientes! No podemos perseguirlos las veinticuatro horas. Hay que intentar educarlos en el respeto a los demás y confiar en que cale.

—En el respeto a los demás y a algunas también en el respeto a ellas mismas, digo yo.

Las madres de Pablo y Sara se quedaron calladas.

—Es que ahora parece que no se puede decir la verdad. Una chica de doce años que anda subiendo esos bailes para que la miren no se está respetando. Habrá que advertirlas del peligro. Y soy feminista, ¿eh? Pero pienso así. Una cosa no tiene que ver con la otra.

—Bueno, tendremos que educar a los niños también para que no vean a las chicas como objetos.

—Pero para eso ellas tendrán que mostrarse de una manera que no sea como un objeto, porque, si no, ya me diréis qué más les va a dar a los niños lo que les digamos.

—Bueno, no sé, Carlota —dijo la madre de Sara—, creo que es un tema complicado.

—Hombre, y es que luego tienen unos referentes que... A ver... Yo no quiero criticar a nadie, pero ¿habéis visto las cosas que sube la madre de Leo? La siguen un montón de adolescentes. Subió un vídeo diciendo que si hacían *sexting*, esto de verse con otro chico por el móvil, ya sabéis..., que no enseñaran la cara, que si tenían tatuajes se los taparan..., ¡unas cosas! ¡Habrá que decirles que no lo hagan y punto! ¡Que luego si les suben las fotos, a las que han destrozado la vida es a ellas!

—A mí me gusta lo que sube, pero es verdad que no siempre estoy de acuerdo con ella —comentó dubitativa la madre de Pablo.

—Hombre, por favor, que va de moderna y se pasa de frenada —apostilló Carlota.

—Eso es verdad —metió baza la de Sara—, que se hace bastante la guay es así. Y fíjate que cuando alguien está tan liberada y no sé qué..., me da a mí que es todo lo contrario. Y luego el vocabulario que usa. ¿No puede decir lo mismo, pero sin ser tan vulgar?

—¿No has visto cómo se viste? No, no puede —aventuró la madre de Pablo.

Todas rieron juntas.

—¿Visteis cómo fue a los Premios Océano? Madre mía, si tenía las tetas fuera. Y encima se le notan caídas. ¡Parecen dos besugos en vez de dos tetas!

Volvieron a reír. Esta vez, las carcajadas eran más fuertes.

—Es que no sé cómo no le da vergüenza. Sinceramente —reconoció la madre de Sara—, no la soporto. Ale, ya lo he dicho.

—A mí ella me da igual, en realidad —siguió Carlota—, pero el niño… Anda que piensa en él. ¿Qué le van a decir los compañeros de su madre cuando vean las cosas que dice? Porque, cuando crezcan y tengan móviles, todo eso seguirá ahí. A mí me daría vergüenza. Que cada uno puede decir y hacer lo que quiera, pero, chica, entonces no tengas hijos.

* * *

Carlota recogió a Mariola en casa de su abuela. Mario le había dicho que saldría tarde y no había vuelto a saber nada de él. Le había mandado un audio antes de entrar a la reunión y un par de mensajes al salir, pero ni siquiera los había leído. Al llegar a casa volvió a consultar Tinder. Allí seguía su ficha con sus peticiones de asqueroso depravado. Seguro que estaba con alguna cerda adolescente de esas que se exhiben en internet y se pinchan los labios para hacer mejores mamadas. Lo mismo hasta le había mandado fotos de sus tetas para convencerle de que ella era la mejor opción para una tarde divertida. Carlota no entendía que ya no se pudiera llamar putitas a las putitas, especialmente cuando era evidente que lo eran.

Dio de cenar a Mariola y la metió en la cama. Se tiró en el sofá a curiosear en el catálogo de *true crimes* de Netflix mientras aguardaba a Mario. Cuando se cansó de esperar, agarró el móvil y se hizo un *selfie* del escote. De algo tenía que servir haber cogido algún que otro kilo. Lo subió al perfil de Tinder y lo completó con más discreción que su marido. No cargó ninguna fotografía más para no dar pistas de su identidad. «Casada con ganas de experimentar. Busco hombre limpio y discreto para pasar un rato agradable.» Navegó entre los perfiles y seleccionó los que le resultaron agradables. Tuvo más suerte que en LinkedIn. A los diez minutos llegaron los primeros *match* y los intercambios de saludos. Se echó a llorar. No entendía qué estaba haciendo ni por qué. Ella no era como esas otras chicas que se metían en la cama de cualquiera. Ella era una mujer casada. Eliminó el perfil y de repente escuchó las llaves de la puerta. Mario acababa de llegar.

—¿Por qué no me has contestado a los mensajes? —Estaba visiblemente afectada.

—Ah, perdona, no miré el móvil —contestó Mario como si no fuera con él la cosa.

—¿Perdona? Podrías al menos inventarte algo. ¿Pretendes que crea que no has visto el móvil desde las cuatro de la tarde? ¿Dónde has estado?

—Carlota, no se puede hablar contigo así. Estoy cansado.

Se quitó la chaqueta, la dejó en una de las sillas del salón y se fue a su habitación. Carlota le siguió.

—¿Te has visto con alguien, verdad?

—Bueno, dijimos que probaríamos lo de la relación abierta.

—¡Esto no es una relación abierta! ¡Esto es una mierda! ¿Relación abierta es que no me coges el móvil desde hace horas porque estabas follando con no sé quién? ¿Relación abierta es que no sepa cuándo vas a llegar a casa mientras yo me encargo de tu hija y de las cenas? ¡Esto no es una relación abierta! ¡Esto es ser una cornuda consentida!

Mario se puso el pijama sin mediar palabra.

—Yo no quiero esto. Lo siento. Me da asco pensar que has estado tirándote a guarras a las que les da igual que el tío al que se follan esté casado. Asco, Mario. ASCO.

—No tienen que saber que estoy casado.

A Carlota la enfureció aquella frase. En el fondo era la confirmación de lo que estaba pasando.

—¿Que no lo saben? ¡QUE NO LO SABEN! ¡Si lo tienes puesto bien clarito en tu perfil de Tinder! ¡Sinvergüenza!

Mario se quedó pálido.

—¡Lo abrí después de que habláramos!

—¡Mentiroso! ¡Si lo vi antes! ¡Deja de mentir ya! ¡Asqueroso! —Cogió el despertador de la mesilla de Mario y lo estampó contra la pared—. ¿Desde cuándo lo tienes? ¿Eh? ¿Con qué cara tengo yo una relación con un señor del que ya hasta dudo si se le pondrá dura con las amigas de su hija? «Veinteañeras bien dotadas.» ¡Estoy casada con Arévalo! ¡He tirado toda mi vida, mi juventud y hasta mi cuerpo por un tipo que busca a adolescentes con las tetas gordas!

—No grites y no tires cosas, vas a despertar a la niña —lo dijo con tal tranquilidad que reventó los nervios de Carlota.

—¡Pues que se entere! ¡Que se entere de que su padre busca putas en internet!

Se fue al salón y empezó a lanzar todo lo que pilló por las estanterías. Mario fue detrás. La agarró por detrás y la inmovilizó para que dejara de montar el escándalo.

—Para, Carlota, por favor. —La retuvo con fuerza—. Calla, creo que Mariola se ha despertado.

Su hija estaba llorando y gritaba: «¡Mamá, mamá, ven!».

—Mira lo que has hecho —le reprochó, dejándola libre.

—No te equivoques. —Apuntó con el dedo a su cara—. Lo has hecho tú. —Se levantó y se fue a consolar a su hija.

21

Irene estaba esperando a Pedro con un Aquarius. Cuando estaba nerviosa le costaba beber alcohol. Pedro era un exfollamigo con el que mantenía contacto y quedaba de vez en cuando. Pedro le escribió diciendo que tenía que hablar con ella y que era mejor que lo hicieran en persona. No quería que pasaran muchos días. Era urgente.

—Hola, Irene, ¿cómo estás? —Se sentó a la mesa.

—¿Qué pasa, Pedro? Estoy superpreocupada.

—Ayer, cuando te escribí, me llegó este *mail.*

Pedro le cedió el móvil a Irene. Empezó a leer sin dar crédito. Era un correo de Juan Sobreviela. Se presentaba y le explicaba que estaba escribiendo una novela y que tenía un personaje inspirado en Irene. Quería hablar con hombres que hubieran estado liados con ella para que le explicaran cómo era en la intimidad y algún episodio que hubieran vivido con ella para poder ser más preciso en la narración.

—No me lo puedo creer. —Irene se echó las manos a la cabeza—. Pero ¿qué busca este hijo de puta? Sabes quién es, ¿no?

—Sí, sí, sé quién es.

—Pero ¿y cómo ha llegado hasta ti?

—Imagino que por tu Instagram. Me tienes etiquetado en varias fotos. Yo tengo el *mail* en la bío para que me contacten por cosas de curro. No debió de serle muy difícil.

—¿Le has contestado?

—¡Claro que no!

—Está claro que está rebuscando en mi vida, Dios sabe para qué.

—No sé, quería enseñártelo, pero tampoco quería enviártelo por pantallazo.

—Has hecho bien.

* * *

Un par de días después, Irene recibió un mensaje de su jefe. Le preguntaba si iba a pasar por la oficina, porque tenía que hablar con ella. Le contestó que no tenía pensado, pero que iba de todos modos.

Irene acercó su tarjeta a los tornos de la entrada, pero daba error. Se acercó a la caseta de seguridad y le preguntó al agente si podía abrirle.

—¿No te funciona la tarjeta?

—La verdad es que no.

—Déjamela.

La pasó por una máquina y le contestó que estaba desactivada.

—No puede ser. Lo mismo se me ha desimantado.

—Espera, que voy a llamar para que me den permiso para abrirte.

En ese momento, Irene, humillada, supo lo que Luis quería decirle.

—¿Puedo pasar? —preguntó casi cuando ya se estaba sentando en la silla del despacho de Luis.

—Claro —contestó él.

—¿Por qué está mi tarjeta desactivada?

Luis se levantó de su mesa para cerrar la puerta.

—Irene, yo no soy quién para juzgar tu vida privada, pero lo que no puede ser es que se mezcle con lo profesional.

—Ya te dije que no sé por qué Juan…

Luis la interrumpió:

—No estoy hablando de Juan. Esta mañana he recibido un correo de alguien con una foto adjunta que había encontrado en un hilo de Twitter en el que se estaba comentando que eras editora nuestra. También es verdad que me metí en Twitter y no encontré nada, pero la foto me preocupa.

—¿Quién te mandó ese *mail*? ¿De qué foto me hablas?

—No puedo permitir que nuestro nombre…

Ahora fue Irene quien interrumpió:

—¡¿De qué me estás hablando, Luis?! ¡¿Quién te ha mandado esa foto y qué pasa en la foto?! Me estoy poniendo muy nerviosa.

—Estás haciendo una felación. —Silencio—. No sé quién es el remitente.

—¡Enséñame la foto!

—No la tengo, la he borrado. No quiero tener eso en mi ordenador.

—¡Enséñame la puta foto, Luis! ¡No te lo voy a decir más! —Irene se levantó y dio un puñetazo en la mesa—. ¡Reenvíame ese *email*!

—No sé qué has estado haciendo, no me importa, pero no…

Irene estaba completamente desencajada:

—¡No te atrevas a juzgar mi vida personal! ¡Yo no soy la culpable de nada de lo que está pasando! ¡Soy la víctima! ¡¿Te has enterado?! ¡Soy una mujer adulta y puedo chupársela a quien me dé la gana y ni tú ni nadie tiene que avergonzarme por ello! Y quien difunde imágenes mías sin consentimiento es un delincuente. Que no se te olvide.

Irene se dirigió a la puerta del despacho.

—Irene, solo una cosa. Lo siento, pero hemos decidido que…

—Sí, ya sé que estoy despedida. Lo de bloquear mi tarjeta ha sido muy sutil, Luis.

Y cerró de un portazo.

Atravesó la oficina siendo consciente de las miradas indiscretas de sus compañeros. Incluso los que simulaban atender a la pantalla del ordenador parecían estarla mirando a través de la piel. Las paredes de pladur no son nada discretas y entendió que todas aquellas personas debieron de escuchar sus gritos. No aceleró el paso ni mostró un ápice de vergüenza o arrepentimiento. Dio los buenos días amablemente y llamó al ascensor.

* * *

—Si tú no estás en la editorial, yo también me voy.

—¡No digas tonterías, Nat! —me gritó Irene furiosa mientras se limpiaba los mocos.

—Es que no quiero que nadie que no seas tú lea mis cosas.

Fui a la cocina y serví dos vermús.

—No es por ti, es por mí. Así que no te sientas culpable. No va a estar una persona que no conozco de nada leyendo las movidas que pienso, que me pasan, lo que amo y lo que temo. Paso. —Era verdad.

—Lo que estás escribiendo es muy bueno, Nat.

—Bueno, pues cuando te llamen de otra editorial se lo ofreces. Con las publis de Instagram vivo perfectamente.

—Ha sido Juan. No sé de dónde ha sacado esa foto, pero ha sido él.

—Vamos a denunciarle. Necesitas el *mail* desde el que se ha mandado y la foto.

—Luis no quiere mandármela.

—Pues, o lo hace, o le denuncias a él. No hay muchas más opciones, Irene.

—Dice que lo ha borrado.

—No me lo creo.

—Ya.

—Escríbele ahora mismo, tía. Dile que necesitas el *mail* con la fotografía adjunta. Que si lo ha borrado, con que nos deje el ordenador, un amigo informático podrá recuperarlo. Si se niega, dile que entonces tendrás que denunciarle a él, porque sospechas que, o bien ha sido él, o bien te ha engañado y además ha usado esa patraña para despedirte.

—Voy.

Fíjate qué casualidad que funcionó. A los diez minutos de decirle que la denuncia iría para él, el *mail* apareció en la bandeja de entrada del correo de Irene. Me aparté de ella para que tuviera intimidad mientras cotejaba el contenido. Se echó a llorar. Efectivamente, era una captura de un vídeo que le había hecho Juan y que después había jurado borrar. Reconocía los pantalones en sus tobillos y hasta el suelo de su habitación.

—Pero ¿qué he hecho yo, Nat? ¿Por qué me hace esto? ¿Porque le dije que las mujeres también tienen derecho a contar su punto de vista de la vida? ¡Es que no lo entiendo!

—No lo sé, Irene.

La abracé y deseé con todas mis fuerzas que a ese hijo de puta le arrancaran las uñas.

—Hay que denunciar —sentencié.

Irene afirmó con la cabeza.

22

Llegó de nuevo Sant Jordi y, aunque la novela nueva no estaba terminada, pensaron que era bueno que acudiera a firmar. Este año en el ámbito profesional las cosas me habían ido, en líneas generales, bastante bien. Consideraban que era un buen calentamiento para la llegada del segundo libro. Estaba mucho menos nerviosa que el año anterior y quería quitarme el mal sabor de boca de haber compartido carpa con Acosador Sobreviela. Ojalá este año me tocase con Sara Mesa o Elisa Victoria. O con Vila-Matas, aunque no sé si el hombre está ya para aguantar tantas horas siendo amable con desconocidos. Agarré mi bolso, la chaqueta, las gafas de sol, y me dispuse a salir por la puerta para coger el AVE camino de Barcelona.

Tomé mi asiento en el tren, abrí *Las cosas que perdimos en el fuego* de Mariana Enríquez y me dispuse a leer. Al cabo de un rato, y por los murmullos de la gente, me di cuenta de que no habíamos arrancado todavía. Salíamos con media hora de retraso, pero nadie explicaba por qué. Seguí leyendo. Al cabo de otra media hora, sentí por fin el movimiento del tren. Por megafonía pidieron disculpas. Nos indicaron que el retraso era debido a un problema en las vías que no se había resuelto, pero nos permitía comenzar el trayecto.

Apenas habíamos avanzado hasta Guadalajara cuando el tren volvió a pararse. De nuevo avisaron por megafonía de que por el momento no podríamos continuar con el viaje. Eso sí, abrirían las puertas y quien quisiera podía salir a fumar o tomar el aire. Era rarísimo. Jamás me había pasado nada parecido en el AVE.

Me puse a buscar en internet por si había alguna noticia del incidente. Al parecer, se había roto la catenaria. Así se les llama a los cables aéreos que transmiten la corriente necesaria para que los trenes puedan circular por las vías. Es un accidente grave y no se da con mucha frecuencia. Una rama de un árbol se partió y, al caer, se llevó los cables por delante. Avisé por mensaje a mi jefa de prensa de lo que estaba sucediendo. Me dijo que estaba al tanto. En ese tren iban más escritores camino de las firmas y había unos cuantos editores por allí entrando en pánico.

Me cagué en todo, compré una bolsa de patatas, un Kit Kat y una cerveza para paliar la ansiedad y continué leyendo. Lo mejor era distraerme, porque bufando a la gente que compartía vagón conmigo no iba a conseguir que el tren se pusiera de nuevo en marcha.

Dos horas después, la megafonía se volvió a activar. Calculaban que hasta dentro de unas seis horas no se iba a poder reanudar la marcha, así que en breve darían opciones a los viajeros que quisieran regresar a Madrid para poder abandonar el tren.

De puta madre. Me quedo sin Sant Jordi.

* * *

Aquella tarde mi madre se acercó a tomar café conmigo a casa. Estaba preocupada por mí. Todos los wasaps que recibía de mi parte últimamente eran bastante desalentadores, pero es que me estaba pasando de todo.

Charlábamos de nada en particular cuando llamaron al telefonillo. Me levanté a abrir y era una notificación del juzgado.

—¿Lo ves, mamá? ¿Entiendes lo que te digo? ¿Una notificación del juzgado? Pero ¿qué mierda pasa ahora, Dios mío?

El cartero subió hasta mi puerta para entregarme el sobre y que firmara la recogida.

—¿Qué pasa, hija?

—Pues no tengo ni idea, mamá.

Abrí la carta y no daba crédito. Me habían denunciado los Abogados Cristianos por un *reel* de Instagram en el que leía un fragmento del primer libro. Era un párrafo en el que bromeaba sobre la posibilidad de que la Virgen María y su prima Isabel hubieran pasado una noche loca con toda una centuria romana y después hubieran anunciado a sus familias que estaban preñadas de sus maridos. José lo veía complicado, porque no habían tenido sexo todavía, y a María no se le ocurrió nada mejor que decir que había sido una paloma. Y, como en aquella época ni una quería que la llamasen puta ni uno cornudo, aceptaron la bola y tiraron hacia delante con ella. Pues allí estábamos mi madre y yo. Flipando con que un juzgado hubiera admitido a trámite semejante gilipollez. Qué tiempos estos en los que la gente está más preocupada por las ofensas a los personajes de un libro que por los vivos.

* * *

Releí el wasap de Julio que había dejado en visto.

> Cómo estás? Acabo de ver en tu Instagram que te has cambiado el pelo

> Estás muy guapa rubia

Me inventé una excusa y le contesté:

> Hola, Julio!!! Perdona, me he dado cuenta de que no te respondí. Cuánto tiempo! Qué es de tu vida?

Respondió de inmediato:

> Pues un poco con lo de siempre. Lo que pasa es que esta tarde mi madre me dijo que había comprado entradas para el concierto de Madonna y me acordé de ti

Anda, yo también voy. Tu madre tiene muy buen gusto. A ti si te sacan de Taburete te pierdes, no? Jajajaja

No sé para qué te dije que me gustaba una canción suya...

Cuando me quise dar cuenta, llevaba más de una hora enganchada al móvil y a la conversación. Parecía que no había pasado el tiempo.

Lo pasé muy mal la última vez que te vi, Nat. No me gustó nada verte llorar

Quizá me estuviera equivocando, pero era el momento de invitarle de nuevo a salir.

Ya..., te echaba de menos. Qué tal si nos tomamos unas cervezas en el gallego y nos quitamos esta cosa de la última vez?

Hecho

Te parece si nos vemos mañana a las ocho allí?

De lujo

Se me pasó una idea por la cabeza, pero tal y como entró la dejé salir. Aunque…, un momento. ¿No había quedado en que las decisiones bárbaras eran las que nos hacen avanzar? ¿No había determinado que nuestra naturaleza es salvaje? ¿Éramos humanas para nacer, sangrar cada mes y morir, pero tenía que actuar como un personaje de *Roblox*? Entré en Instagram y fui a las *stories* de Verónica. Contesté a una de ellas.

Qué tal, chula?

Rápido entró al trapo. Hablábamos casi a diario y se le notaban las ganas de algo más.

A lo mejor es un poco arriesgado por mi parte, pero pensé que lo mismo te apetecía que echáramos unas cervezas mañana

Silencio. Continué forzando.

Es solo charlar un rato, pero en persona. No sé si conoces un gallego que hay por Callao. Se llama Labriego

Sí, sí que lo conozco

Bueno, yo estaré allí a las 20:30. Si te apetece, te invito

23

—Pero ¿qué ha pasado?

—Tranquila, está todo bien —me contestó la directora del colegio.

—¿Cómo que está todo bien? Si me habéis llamado porque han pegado a mi hijo, las cosas están de muchas maneras, pero no bien precisamente.

Leo apareció con la camiseta rota y completamente magullado. Al verme, se abrazó a mí y empezó a llorar.

—Se han enzarzado en una pelea, pero ya está bien.

—¡¿Es que no lo ves, que está lleno de moratones y arañazos?!

La mujer agachó la mirada y permaneció en silencio.

—Mi vida, ¿qué te ha pasado?

—Me quiero ir a casa, mami.

Me puse de pie y cogí a mi hijo en brazos.

—Ahora me lo llevo a casa a curarlo, pero quiero los nombres de los niños que han hecho esto. Voy a hablar con los padres. Y como vuelva a suceder algo parecido, os juro que os cierro el colegio. Es que lo quemo, fíjate lo que te digo.

—Pero, Natalia, tu hijo empezó…

—Mi hijo lleva todo el año llegando con mordiscos a casa. ¡El hijo de puta que lo mordió es quien empezó! ¡No él! ¿Te has enterado?

Me di media vuelta y me fui.

Al llegar a casa, le preparé una bañera calentita y nos metimos juntos.

—¿Qué ha pasado, mi amor?

—Hice lo que me dijiste, mami. Me mordió y le pegué.

—¿Y después?

—Se fue llorando. Pero volvió con su hermano mayor y dos amigos suyos. —Se echó a llorar de nuevo.

—No te preocupes, mi vida, que mami va a solucionarlo con la directora. Ahora es muy importante que, si vuelve a pasar lo que sea, me lo digas.

—Pero si me muerde otra vez, ya no le voy a pegar, mami.

Salí de la bañera porque escuché el timbre de la puerta. Di por hecho que era Sergio. Le escribí cuando me llamaron del colegio y me comentó que, en cuanto pudiera salir del trabajo, vendría a verle a mi casa.

Leo empezó a sollozar de nuevo en cuanto vio a Sergio entrar por la puerta del baño. Le secamos y le dejamos viendo a Chequio, un *youtuber* de niños, mientras nosotros hablábamos en la cocina.

—Pero ¿qué pasa, Natalia?

—¿Nunca te has fijado en que ha llegado mil veces con mordiscos en la espalda? Y a veces no quiere ir al colegio. Necesito que cojas las riendas de esto, porque hoy he amenazado a la directora con quemar el colegio.

—¿Qué? De verdad, Natalia, te tienes que tranquilizar.

—Es que no puedo, Sergio. —Empecé a llorar. A pesar de todo, sabía que durante toda mi vida él siempre sería mi hogar—. Llevo unos días en que todo lo que he construido se está cayendo, no sé qué pasa. Han despedido a Irene, y yo si ella no me lleva el libro es que no puedo seguir ahí. ¿Te acuerdas de la beca que te comenté que me dieron para escribir en verano? Pues la señora se ha muerto y ya no hay becas, me han puesto una demanda, me he quedado sin Sant Jordi y ahora resulta que a mi hijo le acribillan en el colegio. Todo se me derrumba.

—Bueno, son rachas.

—No tiene que ver con rachas.

—Entonces con qué tiene que ver.

—No lo sé. —Sergio me tomaría por loca si le reconociera lo que sospechaba que estaba sucediendo—. Pero todas estas historias me tienen muy estresada y estoy como paralizada. Ni siquiera he podido avanzar mucho con la novela, no sé por dónde seguir.

—Eso te lleva ocurriendo todos los meses desde hace años. Un día te sientes bloqueada y al siguiente avanzas, y no ha pasado nada. Es el proceso normal.

—Que no, Sergio, que no lo entiendes. Que ha sido todo de repente... Bueno, no sé. No importa. ¿Te llevas a Leo ahora?

—Sí, se queda ya conmigo.

—Genial.

* * *

Fue sentarme en el autobús camino de Callao y recibir el mensaje de Julio:

Tía, perdona, se me ha complicado la tarde

Nos vemos otro día?

No quise parecer dolida.

Claro, no te preocupes

Si aún no había salido de casa

Es que lo sabía. Todo se estaba desmoronando, joder. ¿Pero cómo podía estar pasando aquello? ¿Sería que se me había encomendado la misión de limpiar el mundo de basura? En todas las culturas existe la idea del karma o del castigo divino. Quizá yo era el castigo. Castigo sonaba muy mal, pero algo así como una justiciera cósmica o la elegida. Se me estaba yendo la cabeza. Pero si existía la idea de que la providencia te recompensa o te castiga por tus acciones, ¿por qué no iba a recompensarme por hacer algo bueno por la humanidad o a castigarme por abandonar mi misión? Evidentemente, el mundo sería un lugar mejor sin tipos como Israel. Las acciones no son buenas o malas *per se,* todo depende del contexto. A ver, vale, yo no era ninguna mesías. Pero ¿qué estaba sucediendo? No quería volver a tener que relacionarme con Israel y no sabía qué hacer para que esa cadena de males cesara.

—¡Otro tercio, por favor!

—Estabas seca, muchacha —me contestó la camarera del Labriego.

En ese momento me di cuenta de lo gilipollas que era, me había traído la gabardina azul. Fue lo primero que pensé al verla aparecer. Verónica echó un ojo a las mesas de la terraza y se metió dentro. No me giré, estaba paralizada. Tardó poco en reaparecer, así que di por hecho que, cuando vio que su Jacobo no estaba dentro, volvió a salir. Debió de preferir esperar fuera. Se sentó justo en la mesa que había a mi lado.

Retiró una silla para sentarse y me hizo un gesto de saludo.

—Bonita gabardina. —Sonreí.

—Sí, tenemos buen gusto.

¡Sabía que tenía que tener algún defecto! Pero, Dios santo, ¿qué voz era esa? Parecía la de un dibujo animado. Me recordaba quizá a la de Pamela Anderson. Era como escuchar a alguien que se ha tragado una bombona de helio. Fui incapaz de disimular una ligera risa. Me lanzó una mirada extraña, creo que se dio cuenta de que mi mueca tenía que ver con su tono. Sospeché que no vivió un instituto fácil. Entonces se cambió de mesa. Sí, efectivamente se había molestado.

La observé detenidamente. Después saqué el móvil y a través de la cámara me observé a mí. Quizá no se había cambiado de mesa porque pensara que me estaba burlando. Quizá se había asustado al ver a una persona con el mismo corte de pelo, el mismo tono de rubio, los mismos pómulos —aunque ahora mismo un porcentaje altísimo de población femenina los lleva— y hasta la misma ropa. Me sentí patética. ¿En qué momento perder mi identidad para parecerme a una Barbie chillona me pareció una buena idea? Recuerdo cuando en el instituto luchábamos por hacernos las raras y nos enfadábamos porque el grupo que nos molaba lo había petado y ya no le gustaba solo a veinte personas. Nos molestaba que nos arrebataran la sensación de sentirnos especiales, únicas. Y míranos ahora. Preferimos irnos de este mundo con la cara envasada al vacío como Nancys producidas en cadena que asumir el paso del tiempo. Lo peor de todo es que yo era joven. Ni siquiera lo había hecho por desafiar al calendario, lo había hecho por pensar que siendo una imitación —diría barata, pero es que todo esto es bastante caro— de otra mujer me querrían.

Verónica no pidió nada, se levantó de la mesa y se fue. Al minuto mi móvil vibró:

> Lo siento, Jacobo, no voy a poder ir. Pásalo bien

Fui a la barra, pagué y yo también me marché.

—¡Disculpe! —me voceó el camarero cuando me había alejado unos pocos metros—. ¡Que se deja la chaqueta!

—¡No es mía, estaba ahí cuando llegué!

En cuanto entré por la puerta de casa, me senté en el sofá y eliminé el perfil de Jacobo.

* * *

Los domingos pasa una cosa curiosa, y es que me puedo poner a limpiar con Karol G o, como te descuides, con la misa de La 2. Además, ese día retransmitían la homilía desde la basílica de Caravaca de la Cruz y la presidía el obispo de Cartagena, que es un poco como si Lady Gaga actuara en el WiZink Center. Me gustan especialmente cuando son tan señoriales. Había dormido bastante poco y mal y no iba a conseguir volver a conciliar el sueño, así que mejor empezar ya con las tareas. Cuanto antes acabara, antes podría irme al vermú. Hay tiempo para todo en el día del Señor.

> He aquí que todas las almas son mías, como el alma del padre, así el alma del hijo es mía: el alma que peque, esa morirá.

Estaban haciendo una lectura del Libro de Ezequiel, iban fuertecitos ese domingo.

> La justicia del justo será sobre él, y la impiedad del impío será sobre él.

Me senté en el sofá a escuchar con atención.

¿No es recto mi camino? ¿No son vuestros caminos torcidos? Apartándose el justo de su justicia, y haciendo iniquidad, morirá por ello.

«¡¡A ver, a ver, si estoy entendiendo esto!! ¡¡Así que no solo muere el alma que peque, también la del justo que se aparta de su justicia!! ¿Es por eso que mi vida se desmorona? ¿De verdad tengo una misión que cumplir y no puedo escapar? Joder, a Neo al menos le dieron a elegir entre la pastilla roja y la azul. ¡Yo también quiero poder escoger mi camino!»

Cogí las llaves, me calcé y bajé a la iglesia. Los feligreses estaban saliendo, acababan de terminar los oficios. Entré y me senté en primera fila. Miré a aquel Cristo crucificado tan *sexy* —aunque no tanto como las representaciones de san Sebastián, mis favoritas—, presidiendo el altar, y me dirigí a él. «Por favor, te pido que mi camino se enderece. Te prometo que no volveré a ser infiel. Sabes que estaba desesperada por salir de allí, que aquello estaba terminado, aunque viviéramos en la misma casa. Sabes que tengo buen corazón. Que soy una buena madre y que trabajo duro. Que no tengo caprichos.» Miré a la Virgen, situada a la derecha del altar. Era María Auxiliadora. Volví a dirigirme a Cristo. «Señor, yo no tengo la culpa ni la responsabilidad de lo que hayan hecho otros. Te agradezco haber depositado en mí la confianza para limpiar este mundo de escoria, pero se me ha quedado grande la misión.» Miré de nuevo a la Virgen y simpaticé con su historia. Con cómo habían tergiversado su vida para, en vez de denunciar los abusos, dibujar la línea que separa a la buena mujer de la mala. «¡Dios, esperáis demasiado de las mujeres! No podemos estar cargando con el peso de la decencia del mundo por los siglos de los siglos. ¿Qué pasa ahora, que si él sigue siendo un delincuente la culpa es mía por no haber terminado lo que empecé? ¡Claro, y Yoko Ono tiene la culpa de que se disolvieran los Beatles y Eva de todos los males del mundo por comerse una manzana! ¿Cuándo van a empezar los hombres a responsabilizarse de sus actos? ¿Cuándo dejarás de empatizar con ellos antes que con nosotras? ¡Mira a tu pobre madre, que la hiciste parir sin tener un orgasmo siquiera! ¡¿Más de veinte kilos, las piernas hinchadas del peso y un balón de reglamento saliendo por la vagina no es suficiente?! ¡Además hay que recalcar que todo esto pasó sin un triste revolcón! Luego Jacob puede follarse a la criada, que te importa una mierda. ¡¿Por qué sus pecados tienen que ser los nuestros?!» Me dirigí a la Virgen: «¡Y tú ya podrías haberte rebelado! ¡Espero que como poco te follaras a un centurión y se lo endiñaras al otro pusilánime!».

El portón de la iglesia se abrió de par en par golpeando repetidas veces la pared. Del impacto, un cuadro de un cura con tres niños alrededor se descolgó, causando un tremendo alboroto. Pegué un grito y casi me caigo del banco del susto. Fuera hacía sol y no soplaba nada de viento. Apareció el sacristán.

—Pero ¡¿qué ha pasado?!

—Se abrió la puerta y de los golpes se ha caído ese cuadro. Yo solo estaba aquí rezando.

—Madre mía, qué estropicio.

Se había roto el marco y ahora parecía que el cura de la pintura estaba recostado sobre los niños. El sacristán lo puso de pie y lo apoyó contra la pared.

—¿Necesita ayuda? —me ofrecí.

—No, no te preocupes, mañana lo vuelvo a colocar. De hecho, tengo que cerrar la iglesia —dijo, claramente invitándome a salir.

—No se preocupe, yo me iba ya.

Cuando me dirigía a la puerta, se cerró de golpe. El sacristán pegó un salto y yo también.

—¡Joder, qué susto!

—¡A ver si me he dejado la ventana de la sacristía abierta y está haciendo corriente! ¿Estás bien?

—Sí, sí, no se preocupe. Será eso, seguro.

Abrí la puerta y salí despavorida.

24

Últimamente Leo remoloneaba mucho en la cama. Era bastante evidente que no le hacía especial gracia ir al colegio. A mí tampoco es que me agradara llevarle. Tenía que verle la cara a Israel. No había vuelto a ponerse en contacto conmigo y se le notaba incómodo cuando me veía llegar con el niño. Hacía cosas raras con la cabeza para evitar el contacto visual conmigo. Siendo sincera, yo buscaba ese contacto. Quería incomodarle. Al fin y al cabo, todo esto era culpa suya.

Tenía una de esas caras agotadas desde primera hora de la mañana. La vida le pesaba, eso lo sabía bien. No tenía familia ni amigos y era el último mono del colegio. Sus días eran siempre iguales y no había ninguna señal que indicara que aquello iba a cambiar. Su día a día consistía en fumar Marlboros, esperar a la muerte y al *Grand Prix*. Si le sacrificara, debería agradecérmelo. Tenía que ser una tortura vivir una vida así. La frustración era su emoción más conocida. Sentía que la vida le debía algo, mujeres, para ser exactos. En alguna ocasión me comentó la gilipollez esa de que preferimos a malotes. Me hubiera gustado contestarle que a él no le rechazaban por no ser un canallita, sino por no lavarse los dientes. Era curioso que un tipo al que no le temblaba la mano para acosar a una mujer que no quería estar con él fuera capaz de verse en el bando de los tipos buenos.

La directora del colegio salió a dar los buenos días a los padres. Me acerqué a ella y alcé la voz para que Israel me escuchara.

—Hola, Lola. La verdad es que, ya que estás aquí, quería decirte que necesito hablar contigo en algún momento. Es importante.

Israel giró su cuerpo hacia mí. Estoy segura de que pudo sentir que le dirigí la mirada. Quería disculparme con ella por la discusión del otro día, pero también que Israel sintiera miedo. Que pensara que iba a testificar en su contra y a poner en peligro su trabajo de mierda, que por otro lado era lo único que tenía.

—Hoy lo tengo un poco mal, doy clases durante toda la jornada.

—No te preocupes, no tiene que ser hoy, pero me gustaría que no pasara de esta semana. —Israel estaba sujetando la puerta muy quieto y mirando al suelo—. Solo quiero que el colegio sea un lugar seguro para los niños. —Noté cómo se estremeció. Esta vez sí levantó la cabeza para mirarme—. Escríbeme y cerramos un día. —Me giré hacia Israel y me despedí también de él—: Buenos días.

* * *

Cuando llamaron a la puerta, lo último que imaginé fue que sería él. La abrí un poquito. Eché de menos uno de esos cierres con cadena. Todo el mundo en las películas los utilizaba. Aunque rara vez les servía de mucho.

—¿Qué quieres?

—Si te atreves a joderme en el trabajo, te mato, puta.

—¿Cómo has subido hasta aquí? ¿Quién te ha abierto? Lárgate de aquí ahora mismo o llamo a la policía.

—Llámala, voy a estar encantado de hablar yo también con ellos, loca de mierda. Qué te crees, ¿que eres la única que anda espiando a la gente?

—Adiós, Israel. —Fui a cerrar la puerta, pero él hizo palanca con el pie.

—Cambia a tu hijo de colegio, haz lo que te dé la gana, pero aléjate de mí. Ya has jugado suficientemente conmigo.

—Aquí el único que ha intentado jugar conmigo y con mi vida has sido tú, acosador de mierda.

Abrió la puerta de un puñetazo y me tiró al suelo. Empecé a temblar y él se dio cuenta. Se quitó el cinturón y cerró de un portazo.

—¿Me vas a llamar acosador encima? Te vas a cagar. Ahora te voy a hacer un tatuaje yo a ti.

Me hice un ovillo en el suelo.

—¡No, por favor! ¡Para!

Él levantó la mano y descargó el cinturón contra el parqué. Respiré. Justo en ese momento, me di cuenta de que me había meado encima.

—¿Qué pensarían tus seguidoras si te vieran así? —Reía. Se notaba que lo estaba disfrutando—. ¿Y tú eres la guay empoderada? Te voy a decir yo lo que pensarían: que eres un fraude.

Me dio como cinco latigazos seguidos en las piernas. Grité de dolor. Él gritaba de placer.

—Si esto te gusta, ¿no?

—¡Por favor, basta!

Le sangraba la mano. Debía de haber agarrado el cinturón por la parte de la hebilla. Me cogió del pelo y me arrastró unos metros por el pasillo.

—¡Por favor, déjame!

—Voy a acabar lo que no terminé el otro día.

Se bajó la bragueta y se sacó la polla.

—Si es que no me la pones ni dura ya. —Se la meneó blandurria delante de mí. Me dio en la cara con ella—. ¿Qué pasa, que ya no te gusta? —Intentó endurecerla, pero no funcionaba—. Bah, no merece la pena. —Se puso de pie y se la guardó de nuevo—. Intenta joderme y no lo cuentas. Solo te digo eso, chulita. Que esta mañana estabas muy chulita con Lola y no das más que pena. No eres más que una furcia con labia. A saber si me has pegado algo.

Se dio media vuelta y se fue.

* * *

Le pedí por favor a Sergio que fuera a buscar a Leo al cole. Tenía quemaduras en las piernas de los latigazos del cinturón y me había dejado una calva a la altura de la coronilla. Afortunadamente, nada que no se pudiera solucionar con una coleta y pantalones vaqueros. Me dolían las piernas al andar, pero estaba segura de que se me pasaría si descansaba un par de horas. Le dije a Sergio que tenía que hacer una *publi* para Instagram y que debía entregarla esa misma tarde. Él libraba ese martes, así que no hubo problema. O eso pensaba yo.

Más tarde, estábamos sentados a la mesa de la cocina mientras Leo abría la mochila para sacar sus deberes.

Sergio me dirigió una mirada que me alarmó:

—Mira, toca. Estoy muy preocupado.

—Leo, vete a tu cuarto a jugar, amor.

Le pasé la mano por el cuello y, justo al lado de la nuez, palpé un bulto considerable y duro. Sería como del tamaño de una canica.

—Pero ¿desde cuándo lo tienes?

—Me lo he notado esta mañana y no veas cómo me duele al tragar.

—¿Has llamado al médico?

—He pedido cita, pero dicen que hasta dentro de quince días no me ven.

—Pero ¡vete a urgencias, Sergio!

—Joder, no me asustes, que puede ser cualquier cosa.

—Pues que te digan qué cosa. —No me lo podía creer—. Todo esto es culpa mía.

Tenía que haberle plantado cara a Israel. ¿Cómo me pude acobardar de esa manera ante esa rata?

—Pero ¿por qué va a ser culpa tuya que yo tenga un bulto en la garganta, Natalia? ¡Es que no puedes parar de ser la protagonista aunque sea un minuto! —Pensé en explicarme, pero no fui capaz—. ¿Me sale un bulto a mí y la que llora y a la que hay que consolar es a ti?

—Perdóname, es que llevo un día muy malo.

—¿Peor que el mío, que no sé qué cojones es esto?

—No, no, desde luego. Peor que el tuyo, no. De verdad, lo siento.

Me puse a llorar y le abracé.

—No quiero que te pase nada. Por favor, ve a urgencias a ver qué te dicen.

Él también se puso a llorar. Nos quedamos un rato así, en silencio. Apoyado el uno en el hombro del otro. Él me acariciaba la cabeza y yo le frotaba la espalda.

—Iré a la consulta el día de la cita. Tampoco hay que ponerse dramático. —Se secó las lágrimas.

—Si quieres, te acompaño.

Pensé que era una putada tremenda haber dejado de quererle.

—Cuando llegue el día, te llamo y, si puedes, genial, claro.

—Perfecto.

—¡Leo, ven a despedirte, que papá se tiene que ir!

Leo y yo nos sentamos a hacer los deberes. Me hice un café y a él le serví un zumo de naranja con dos magdalenas. Estaba aprendiendo a sumar con dos cifras y tenía que hacer refuerzo en casa, aunque la verdad era que se le daba bastante bien.

—Mamá, ¿te puedo hacer una pregunta?

—Claro, hijo.

—¿De qué va tu libro?

Me lo preguntó sin despegar la vista del cuadernillo.

—¿El que estoy escribiendo?

—No, el que está en las tiendas.

—Pues va de una chica que quiere ser libre y que no la juzguen. Que la traten igual que a todo el mundo.

—¿Y de nada más?

—Pero ¿por qué me preguntas eso, hijo? No es un libro para niños.

Entonces se puso los deditos en los lagrimales. Creo que pensó que así podría frenar las lágrimas.

—¿Por qué lloras, cariño?

—No lloro, es que me ha dado la luz y me molesta en los ojos.

—Leo, ¿por qué lloras? ¿No te habrán pegado otra vez? Enséñame la espalda.

—Que no, mamá. Es que hoy me han dicho Mariola y Sara una cosa de ti.

—¿Qué te han dicho? —Se me aceleró el corazón.

—Es que si digo la palabra, me vas a castigar.

—No te voy a castigar, Leo. Dime qué te han dicho.

—Que eres una puta y que escribes cosas para putas.

—¿Qué? —Me puse de pie como si me hubieran impulsado con un resorte.

—No lo quiero repetir, mamá.

—¿Cuándo te han dicho eso?

—En el recreo. Que se lo habían dicho sus padres. Que habían comprado el libro y que lo habían hablado con otros padres.

Se me secó la boca. No podía creer que me estuviera diciendo eso y aún menos que esos misóginos hubieran tenido una conversación así delante de sus hijos. Leo ya no fue capaz de disimular más las lágrimas y se abrazó a mí.

—¿Qué más te han dicho, mi vida?

—Que si no te daba vergüenza escribir eso teniendo un hijo. Que te daba igual lo que pudieran decirme. —Y siguió sollozando abrazado a mí.

Respiré hondo y le abracé muy fuerte. Le acaricié el cuello, la cabeza, la carita, y le colmé de besos.

—Mírame, Leo. —Asintió con la cabeza—. Mamá no es eso que te han dicho y las chicas que la leen tampoco. Mamá escribe cosas para mayores y ayuda a muchas mujeres a que se sientan mejor. Ahora eres muy pequeño, cariño, pero papá y yo te damos una educación para que cuando seas más mayor entiendas que lo que escribe mamá le sale del corazón, porque cree en ello, y que además no es nada de lo que avergonzarse. No solo estoy segura de que lo vas a entender, es que estoy segura de que te vas a sentir orgulloso, mi vida.

—Vale, mamá.

—Venga, vamos a jugar a la consola, que ya hemos hecho muchos deberes hoy.

Mientras echaba carreras al Mario Kart, solo tenía un pensamiento en bucle: «Se acabó. Esto tiene que parar».

25

Dejé a Leo en el cole y me fui al bar con algunos padres y madres. Entre las nueve y las once muchos estaban por las calles: unos íbamos a desayunar, y otros, a hacer recados aprovechando que ya salieron de casa. También estaban los que se iban a trabajar después de dejar a los niños, pero esos no me preocupaban.

Como a las once y media, el barrio por fin andaba más tranquilo. Israel, por su parte, estaba en el colegio. No había nadie alrededor de su portal. Abrí con las llaves, me costó un poco, porque me temblaban las manos. Cuando llegué a su piso y me dispuse a entrar, el vecino de enfrente abrió la puerta y me pilló justo en su felpudo.

—Buenos días, señor.

Era un anciano octogenario.

—Uy, buenos días.

—Mire, justo iba a llamar al timbre. Soy de Tecnohogar, ¿no querrá vender su casa?

—La verdad es que no, bonita.

—Sabe que este es un buen barrio. Ahora puede vender su casa por muy buen precio e irse un poco más al sur. Le iban a quedar unos buenos ahorros en la cuenta.

—No te preocupes, hija, no estoy interesado. Te dejo, que tengo que ir a comprar el pan.

—No se preocupe, voy a ver si alguno de sus vecinos estaría interesado.

En lo que el señor bajó las escaleras, yo llamé al timbre de Israel para disimular. Cuando escuché cerrarse el portal, saqué las llaves y entré en la casa. Estaba todo hecho una mierda, como siempre. El rollo de papel higiénico y la botella de lubricante al lado del sofá, también como siempre. Las revistas estaban desperdigadas por el suelo. No había sido capaz de recogerlas aquel día y haber vuelto a amontonarlas. Tendría gracia si fuera la casa de tres universitarios, pero tratándose de un adulto cercano al medio siglo, era bastante patético. Además, olía fatal.

«Eh, tú otra vez por aquí. ¡Cuánto tiempo!», me saludó el santo.

Fui a la cocina. Había acumuladas tres bolsas de basura al lado del cubo y la que estaba puesta rebosaba. Abrí el grifo del agua, bebí a morro y me mojé la cara. Dudé por un instante. Vi los fogones sucios. Abrí la ventana. Volví a dudar y entonces la cerré.

«Que no, joder, que no se va a enterar nadie.»

Rápidamente encendí todos los fogones y soplé las llamas.

«Ya está. ¿Ya está? ¿Tan fácil?»

Pensé que tenía que haber algún cabo suelto, porque no podía ser tan sencillo. Todo alrededor de esa historia era lamentable. No iba a oler, porque perdió el olfato y, en cuanto se encendiera un cigarro esa tarde, se acabó. No había épica. No había llegado con un revólver y los nervios rotos, no habíamos peleado y le había empujado por la ventana, tampoco le había ahogado y descuartizado en la bañera. Hasta ahí llegaba la herencia del sufrimiento de la cultura judeocristiana. Era todo tan sencillo que no tenía mérito.

Eché un último vistazo a todo y comprobé que el gas estaba saliendo. Observé por la mirilla y acerqué la oreja a la puerta: no había nadie en las escaleras. Era el momento de salir. Fui al salón, agarré el san Pancracio y hui a mi hogar.

* * *

Llamé a Sergio para ver si quería ir con nosotros al cine. Acababan de estrenar *La Patrulla Canina: la superpelícula.* Aceptó el plan. Había una sesión a las seis y duraba hora y media. Perfecto. Cogimos palomitas, chucherías y un vaso gigante de refresco de limón. A Leo le gustaba que de vez en cuando hiciéramos planes familiares juntos. A mí no me importaba. Solo me daba miedo que Sergio pensara en cosas que no iban a pasar, pero, por lo demás, me sentía bastante a gusto. Cuando salimos del cine, Sergio miró su móvil y se le desencajó la cara.

—¡Hostia, Natalia!

—¿Qué? ¿Qué pasa?

—Ha explotado un piso del edificio de enfrente.

—¿Cómo que ha explotado un piso? ¿Qué dices? —Saqué mi móvil. Tenía como cincuenta wasaps. Eran todos de familiares y amigos que habían visto la noticia preguntando si estaba bien.

—¿Enfrente de tu casa o de la mía?

—De la mía.

Una búsqueda rápida en Google y aparecían fotos y varias noticias. Algunos periódicos recogían grabaciones de móvil de los vecinos.

—Dios, mira las imágenes, ¡cómo está todo! —Le mostré el móvil.

—Sí, sí. Vámonos a casa. Espero que no se nos hayan roto ventanas ni ninguna cosa rara. —Siguió andando mirando el móvil—. Hay cinco heridos, un muerto y uno muy grave.

—¿Ha muerto alguien? —pregunté tratando de disimular la alegría.

—Eso pone.

* * *

Leo se quedaba conmigo. Cuando llegamos, estaban los bomberos y varios vecinos alrededor, alejados del edificio, pero mirando hacia él. Todo el mundo comentaba y se lamentaba. Los transeúntes se paraban a echar un vistazo y preguntaban qué había pasado a los grupos que tenían pinta de haber echado la tarde allí.

Allí estaba también Carlota con otras madres del cole.

—Hola. Madre mía, pero ¿qué ha pasado? Estábamos en el cine con su padre y cuando hemos salido teníamos los móviles ardiendo.

—Pues parece que se dejaron el gas abierto.

—No me lo puedo creer. —Obviamente mentí.

—Y es la casa de Israel, Natalia.

—¿Qué Israel? ¿El bedel del colegio?

—Sí…

—Qué desgracia, Carlota. De verdad que no me puedo creer que haya muerto así, de la noche a la mañana.

—No, no. Muerto no está. Está grave, pero vivo.

Parpadeé varias veces, porque una nube se colocó ante mis ojos y todo se me mostraba borroso y giraba levemente. Era como una resaca de domingo en la que no recuerdas qué has hecho y te avergüenzas de ti misma al mirar las fotos del carrete. La saliva se me amontonaba en la boca. Tragaba con rapidez, pero solo conseguía que saliera aún más saliva. Me vino una arcada que reprimí con gran esfuerzo y ahora la saliva tenía un sabor diferente. Miré a Carlota, que seguía articulando sonidos, pero era incapaz de oírla. Fijé mis ojos en sus labios tratando de leer las palabras, pero el latido de mi corazón lo ocupaba todo. La sístole y la diástole resultaban cada vez más armónicas y el paso de la sangre y las contracciones del resto de mis órganos le daban diferentes texturas al sonido que ocupaba mi cabeza. Me era familiar. Esto ya lo había escuchado antes. TA, TA, TA, CHAAAANNNNN. TA, TA, TA, CHANNNN. La barbilla había empezado a temblarme al ritmo de la *Quinta sin-*

fonía. Era algo así como la batuta de Beethoven indicando a cada parte de mi cuerpo cómo debía revolverse para resultar melódico. Respiré hondo varias veces y conseguí reponerme medianamente.

—No me extraña que estés así, Natalia. Estamos todos acongojados.

—Me dijo Sergio que en el periódico decían que había un muerto y, cuando me has dicho que era su casa, pensé en él. Menos mal, debieron de equivocarse entonces.

—No, no. Sí que ha muerto un chico. El pobre pasaba por aquí justo cuando explotó la casa y le cayó un bloque de la fachada en la cabeza. Creo que era de tu edad, pero no sabemos quién es. No era del barrio. Menuda desgracia, no hay derecho. Los que lo han visto antes de que llegase la ambulancia han dicho que tenía el cráneo destrozado. Parecía que se hubiera tirado del último piso.

—¡Por Dios! Pero ¿cómo ha podido pasar? —Aproveché lo desagradable de la noticia para descargar con disimulo.

Empecé a sollozar y acabé llorando como si la impotencia fuera el motor de mis lágrimas. Carlota me ofreció un clínex y me acompañó en el llanto. Cuantísimo sentí que aquel puerco se hubiera cruzado en mi camino y me hubiera obligado a hacer algo tan horrible. Sentí también no haber valorado que pudiera salir vivo. No hacía falta que me engañase a mí misma: aquello era lo que más me dolía.

—No han comunicado nada aún. Lo que sí han dicho es que Israel tiene quemaduras terribles. Estábamos aquí cuando le han bajado. Ha perdido la cara entera, pufff… —Lloró con más intensidad—. No se le distinguían ni los ojos, Natalia, es horrible.

—Calla, calla, no me lo puedo imaginar. ¿Y el resto de los heridos? —pregunté realmente preocupada.

—Se los han llevado también y a los demás vecinos los han desalojado. Afortunadamente la explosión no ha afectado a los cimientos de la casa, así que a ver cómo acaba esto.

Poco después, subimos a casa. Había algunos libros en el suelo. Del impacto se debieron de caer de las estanterías, pero nada más. En la casa de Sergio, igual. Di de cenar pronto a Leo y le acosté. Necesitaba estar sola.

Encendí la tele. Cubrieron la noticia en todos los telediarios. Alejandra Herranz confirmaba que se trataba de una explosión de gas. También que todo apuntaba a un descuido del dueño, que se encontraba en un estado de salud muy grave. Especificaba que contaba con quemaduras de segundo y tercer grado en el sesenta y cinco por ciento de su cuerpo.

Busqué rápidamente en Google: «¿Qué porcentaje de quemaduras en el cuerpo es mortal?». En un blog de primeros auxilios explicaban: «Se considera una quemadura de carácter leve cuando la superficie quemada es inferior al diez por ciento y su profundidad no rebasa el segundo grado. Entre el diez y el treinta por ciento se considera grave, independientemente de si la profundidad es de segundo o tercer grado. Entre el treinta y el cincuenta por ciento es muy grave y prácticamente mortal cuando supera el cincuenta por ciento».

Me alivió durante pocos segundos. Encontré un titular de *El País* que decía: «Sobreviven la mitad de los quemados en más del ochenta por ciento de su cuerpo». La noticia desarrollaba la información: «El índice de supervivencia de los heridos que sufren quemaduras en más del ochenta por ciento del cuerpo es del cincuenta por ciento, aseguró ayer el jefe de la Unidad de Grandes Quemados del hospital Vall d'Hebron de Barcelona, Joan Pere Barret».

Seguí buscando. Solo había dos hospitales en Madrid que trataran grandes quemados: el de Getafe y La Paz. En el resto de España había unos seis más. Es un tipo de paciente muy especial, porque la única manera que tiene de sobrevivir es proporcionándole una segunda piel. La reconstrucción dura meses. Primero tienen que limpiar la piel quemada y quitarla y, en muchas ocasiones, no se pueden eliminar los tejidos en una sola intervención. Después, estas zonas hay que cubrirlas con piel donada de muertos o con injertos de su propia piel, si es que hay suficientes partes que no hayan sido abrasadas. Después se enfrentan a años de recuperación. Los injertos de piel no tienen la misma flexibilidad que la original, así que, si se queman la cara y las articulaciones, eso puede condicionar considerablemente la calidad de vida del paciente si sobrevive.

Sonreí. Sonreí porque pensé que, a lo largo de la historia de la humanidad, los hombres habían quemado a las mujeres de manera sistemática. A lo largo de siglos por brujas y todavía hoy en día leemos noticias de esposos y amantes celosos que rocían la cara de sus mujeres con ácido. En ningún momento mi intención fue quemarle, simplemente pretendía que su cuerpo se desintegrara en cachitos, pero me pareció una bonita casualidad que los hechos se desarrollaran así.

Esa noche me costó conciliar el sueño. Tenía sudores fríos y el corazón me galopaba. No fui capaz de comer nada ni de mantener la atención en el resto de las noticias ni en ninguna otra cosa. Solo buscaba actualizaciones de manera compulsiva y en todas las redes sociales. Ni siquiera me dolían los golpes que me había propinado el hijo de puta. No sentía nada aparte de miedo. Tampoco quería irme a la cama, me tapé con la manta en el sofá y dejé una lámpara encendida.

«¿Qué te pasa, chica? Estate tranquila», Pancracio reposaba ahora en mi estantería del salón.

—Cállate, por favor.

«Si no quieres que te hable, ¿para qué me trajiste?»

No contesté.

«El cabrón ese tiene lo que se merece. Tú has cumplido con tu parte del plan. Confía en el Padre. Él jamás te abandonaría después de la confianza que has depositado en él.»

—¿Crees que se lo merecía?

«No sé, dímelo tú.»

—Nadie merece abrasarse en llamas —contesté solemne.

«Eso es una chorrada. El dolor es intrínseco a la vida. No tiene nada que ver con merecer o desmerecer.»

—Hay gente que no merece sufrir. Como un niño, por ejemplo.

«Bueno, según qué niño, mira el de *La profecía.* —Rio—. ¿Qué pasa? ¿Tú sí merecías sufrir?»

Me volví a quedar en silencio.

«Dios Santo Padre, cuánto sentimiento de culpa, qué coñazo sois. ¿Por qué crees que merecías sufrir? ¿Por separarte de tu marido? ¿Por tener amantes? Entonces toda la humanidad debería arder. No se puede confundir ser mala persona con vivir.»

—Si no muere, estoy perdida. Recordará que tenía llaves, estoy segura de que sospechará que he sido yo. Y cuando se sepa todo, ¿qué opinará mi hijo de mí? ¡Me odiará! Y pasaré la vida en la cárcel. Un intento de homicidio ¿qué son...? ¿Quince años? ¿Veinte? Por ahí, ¿no? Saldría alrededor de los sesenta.

«Solo queda esperar. Si la cosa es como dices, entonces deberías aprovechar estos días para vivir, ¿no crees?»

Me levanté a vomitar. En ningún medio indicaban si el paciente en estado crítico estaba consciente o había dicho algo. Joder. Tenía que intentar dormir. En cuatro horas sonaba el despertador y tenía que llevar a Leo al colegio.

* * *

—Mamá, te sudan mucho las manos, arrrggggg. —Puso gesto de asco.

—Ya, cariño, es que hace calor. ¿No tienes calor?

—Sí, sí lo tengo.

—Pues ven, que te quito la chaqueta.

Caminábamos hacia el colegio y sentí las miradas de los padres en la nuca. Sabía que algunos de ellos habían comentado mi libro y me empezaron a entrar dudas de si conocerían lo mío con Israel. Quizá en algún grupo de WhatsApp alguien había escrito algo, o alguna tarde en el parque. Lo mismo él se había ido de la lengua en algún café del mediodía o al salir de alguna reunión del AMPA. Sentí todos y cada uno de los sinónimos de *guarra* que hay en el diccionario español siendo disparados directamente desde sus pupilas. Pero los *puta* y *furcia* se iban transformando en *asesina* e *hija de puta*. Llegamos a la puerta del colegio y allí varias madres intercambiaban información sobre la salud de Israel. Le di un beso a Leo y salió escopetado hacia su clase. Al dejarle, me uní al grupo.

—Buenos días, ¿alguna novedad?

—Nada. Sigue en estado crítico —respondió Carlota.

—¿Y el resto de los vecinos heridos? —Me costaba vocalizar y me temblaban las manos. Las metí en los bolsillos de la chaqueta para disimular.

—Están ingresados, pero al parecer fuera de peligro. Supongo que en estos días les irán dando el alta. —Carlota me miró fijamente—. Natalia, ¿estás bien?

—Sí, ¿por?

—Es que estás sudando y tienes muy mala cara.

—Sí, es que estoy medio constipada y me ha costado dormir por los mocos. Anoche cuando llegué a casa tenía un poco de fiebre.

—¡A ver si va a ser covid! Que ahora anda todo el mundo otra vez con eso.

—No, no. Tengo test en casa y pensé lo mismo ayer al llegar. Me hice uno y dio negativo. Será un catarrillo sin más. Os dejo, que tengo que trabajar.

—¡Descansa, mujer! ¿Cómo vas a trabajar así?

—¡Eso digo yo! Luego os veo.

* * *

Lloré y recé. Recé mucho pidiéndole a lo que fuera que hubiera que lo rematara. No daban ninguna novedad en los periódicos y en todos se achacaba el accidente al despiste del propietario. Tampoco nadie me había llamado ni comentado que la policía hubiera hecho preguntas. Nadie le iba a echar de menos. Solo había que ver su casa para entender que vivir era un castigo para él. ¿Qué tipo de Dios cruel le haría proseguir con la cara quemada y las articulaciones oxidadas? Yo no querría vivir así y estoy segura de que él tampoco. Quise llamar al hospital y preguntar. Quise ir y verle entubado y moribundo. Quise llamar a Irene, a Sergio e incluso a Carlota y contarles lo que había hecho. Pero no lo hice. Pensé que si confesaba antes de que me pillaran podría contar al menos con la compasión de quienes me rodeaban. Me aterraba que me miraran y solo viesen a un monstruo. Que me viesen, en definitiva. No podía parar de llorar. Lloré hasta asfixiarme y, cuando no pude más, caí rendida y me dormí.

* * *

Me desperté sobresaltada por la musiquita del móvil. Era Sergio.

—¿Qué pasa?

—¿No has leído el WhatsApp, no?

—No, estaba durmiendo, que estoy un poco mala. ¿Qué pasa?

—Ha muerto el bedel. Lo han puesto en el grupo de WhatsApp de padres, pero como tú no estás...

—Hostias, ha muerto. Pero ¿seguro?

—Sí, sí. Seguro. Al parecer estaba muy grave, ya no solo eran las quemaduras. Era intoxicación de las vías respiratorias y no sé cuántas cosas más, han dicho. Que han hecho lo que han podido, pero que no ha aguantado. Por cierto, he ido esta mañana a urgencias.

—¿Y qué te han dicho?

—Nada, que es un bulto de grasa. Que debería irse solo, pero que, si en una semana o así continúa, lo mismo me tienen que rajar un poquito y sacármelo, pero que no es nada.

Me puse de pie de un brinco.

—¿De verdad? Joder, cuánto me alegro, vaya susto me había llevado.

—La verdad es que ya ni me duele al tragar ni nada.

Me entraba una llamada. Era Luis. Qué raro, él nunca me llamaba. Aunque era verdad que desde que despidieron a Irene tampoco me habían asignado a otra editora.

—Sergio, te llamo luego, que me llaman de la editorial.

—Sin problemas.

Colgué y cogí la llamada.

—Hola, Natalia, soy Luis.

—Hola, Luis, ¿cómo estás? Dime.

—Mira, es que te llamaba para darte una buena noticia. Nos han llamado de la productora Filmspro. ¿La conoces?

—Sí, sí, claro que la conozco.

—Pues es que están interesados en adquirir los derechos de tu libro para hacer una película. Al parecer Isabel Coixet ha leído los primeros capítulos de la novela y quiere llevarla al cine.

Enmudecí.

—Luis, ¿esto no es una broma?

—No, no, de verdad que no.

—¡Pero si la novela no ha salido aún!

—Ya, pero le gustó mucho la primera y, cuando supo que estabas con otra, pidieron un adelanto a la editorial. Es una fórmula habitual. Los de Derechos Audiovisuales quieren que hagamos una llamada para contarte. Pero te diré que ella ha dicho que quería que la pusieran en contacto contigo. Nos ha preguntado si estarías dispuesta a escribir la versión en guion del libro con ella o con su equipo, de eso ya no me he enterado muy bien.

—Buah, ¡qué buena noticia! ¡Claro que estaría dispuesta! Que me llamen cuando quieran, Luis. Hasta las cuatro, que voy a por el niño al cole, estoy en casa.

Se me pasó la ansiedad de golpe, también el dolor en el pecho, volví a salivar y a respirar hondo. Sentí hasta hambre. Me daba rabia tener que tener cualquier tipo de contacto con el tipejo este después de cómo se había portado con Irene, pero no sabía qué otra cosa podía hacer. Estaba segura de que ella lo entendería e incluso de que se iba a alegrar de que alguien quisiera transformar mi trabajo y el suyo en una película. Lo que no se iba era la sensación de resaca. Ni siquiera sabía si nada de esto era real. Ya dudaba incluso de si estaba despierta. Tenía hormigueos por la mandíbula inferior y las manos y me sudaba hasta la nuca. También el labio superior, se me había formado un bigote estrecho y transparente. Me desnudé y me metí en la ducha. Necesitaba despejarme.

26

—Ya verás qué cómoda te vas a ver así con la nuca despejada —afirmó mi peluquera.

Por fin me atreví a cortarme el pelo a lo *garçon*. Necesitaba un corte que me permitiera salir de la ducha y marcharme a la calle sin tener que estar una hora de plancha y secador. Lo que no podía ser era que lavarme y arreglarme el pelo fuera un plan que tuviera que agendar porque me llevara más de hora y media ponerlo decente. La peluquera le dio una forma que hacía que mis ondas naturales quedaran perfectas secándose al aire. Me agradaba verme morena de nuevo, además de que el rubio machacaba el pelo. Entendía que si tienes canas es la mejor opción, porque tarda más en apreciarse la raíz y no tienes que estar en casa o en la peluquería tapándolas cada quince días, pero no era mi caso. Me gustaba mi color.

Subí un par de *stories* a Instagram con mi *look* nuevo y a los pocos segundos me llegó la notificación de la reacción de Julio.

GUUUAAUUU. Me encanta, tía, vaya corte!!! Oye, me debes unas cervezas, que el otro día no pude porque se me lio la cosa en el trabajo, pero que no se me olvida

Tenía muchísimas ganas de verle y contarle. ¿A quién quería engañar?

Vuelvo a tener el viernes libre. Si quieres soy toda tuya. Me apetece un montón además ir a cenar al Rías Baixas. Vamos?

* * *

—Irene, dime el *mail* desde el que le enviaron la foto a Luis. —Íbamos a pillar a ese sinvergüenza—. Por cierto, tengo que comentarte una cosa. Me llamó Luis el otro día.

—¿Qué te dijo? ¿Ha pasado algo?

—Sí, que han comprado los derechos del libro para hacer una película.

—¿Qué? ¡Aaaahhhh! —Irene me abrazó, se la notaba genuinamente contenta—. No sabes cuánto me alegro, Nati.

—El logro también es tuyo. Pero vamos con esto, que ya tendremos tiempo de celebrarlo todo.

—Déjame que busque el correo en el móvil. Es chejovvive_35@gmail.com.

—Madre mía, Chéjov… Que es el payaso de Sobreviela lo saben hasta los toreros.

—Ya… Pero a ver cómo lo demostramos.

—Voy a intentar entrar en la cuenta.

—¿Y no lo notará?

—¿Y qué nos importa? ¿Se dedica a enviar tus fotos privadas y tenemos que preocuparnos nosotras de estar intentando entrar en una cuenta B?

—Ya —asintió.

Introduje el correo en la página de gmail y la contraseña «123456». Incorrecta. Volví a probar con otra: «chejovmuere». Incorrecta. «SobrevielaSubnormal». Incorrecta. Entonces apareció el siguiente mensaje:

Recuperación de la cuenta. Para proteger tu cuenta, Google quiere verificar que eres tú quien está intentando iniciar sesión. Elige cómo quieres iniciar sesión: recibir un código de verificación en ju*********ela@gmail.com o recibir un código de verificación en el número *** ** ** 42.

—¡Lo tenemos, Irene! Este correo de gmail empieza por *ju* y acaba por *ela,* creo que queda claro de quién es. Dime si su móvil acaba en cuarenta y dos.

—Sí, acaba en cuarenta y dos.

—De verdad, es que no se puede ser más tonto. Capturita de pantalla y a comisaría con todo. Estaba dudando si pulsar una de las dos opciones y que se cagara cuando le llegase, que supiera que estábamos buscando de quién era el correo. Pero me daba miedo que borrase la cuenta y luego nos dijeran que ese correo no existía y demás.

Irene se echó a llorar. La abracé fortísimo. Abrazo poco, porque me parece que es una intromisión en la intimidad de las personas. Pero, cuando veo que puedo hacerlo —o que debo—, lo hago como si mi intención fuera dejarte sin aire. Con los niños pequeños me tengo que controlar, porque los aprieto tanto que me acojona que se les salgan los ojos de las cuencas y se les vacíe la vejiga.

—Que no se va a ir de rositas, Irene. Qué está clarísimo que ha sido él. Que escriba una columna ahora de mierdas que se sienten amenazados por mujeres independientes y entonces empiezan a acosarlas para joderlas y poder sentirse superiores, que esa sí me interesa.

—Gracias, Nat. Es que estoy fatal.

—Venga, que te acompaño.

* * *

A las nueve en punto abrían el portón y entraban todos escopetados. Un día se iba a caer un niño e iban a ir todos detrás, como en los Sanfermines. Es más, es que si no le pedía el beso, ya ni me lo daba, el tío.

—¡Leo, dame un beso, hombre! —Se abrazó a mí y me cascó un beso en los labios—. ¿Estás bien, cariño?

—¡Sí, mamá! ¡Venga!

Le achuché con todas mis fuerzas.

—¡Lo que sea me lo cuentas, eh! Luego viene papá a buscarte, pero te llamo por la tarde.

—¡Que sí, mamá! —Se soltó de mis brazos y salió corriendo.

Todos querían colocarse el primero de la fila para entrar en la clase y mi hijo no era una excepción. El resto de los padres también se despedían de sus hijos. Después nos quedábamos todos mirando y aguardábamos hasta que veíamos a través de la reja que se metían en la clase. Me iba a tomar un café cuando Carlota se dirigió a mí.

—En nada dejan de darnos besos aunque se los pidamos. —Carlota me sonrió. Estaba charlando con la madre de Sara y la de Pablo.

—Ay, qué bien que estéis las dos aquí, porque justo quería hablar con vosotras.

—¿Queréis que vayamos a tomar un café? —preguntó la madre de Sara.

—Uy, no. No me voy con vosotras a tomar café, no me vayáis a echar algo dentro.

—Chicas, yo os dejo, que tengo prisa. Mañana os veo. —La madre de Pablo vio el drama acercarse de frente y decidió huir a tiempo. Hizo bien.

Sin embargo, tanto Carlota como la madre de Sara pusieron cara de haber visto un fantasma. Eran conscientes de que se avecinaba tormenta. Carlota tomó la iniciativa:

—Pero, Natalia, ¿por qué dices eso, mujer?

—¿Que por qué? Pues porque mi hijo vino llorando hace unos días a casa porque Sara y Mariola le habían dicho que su madre era una puta que escribía para putas.

—¡Ay, Dios mío! Pero ¿de dónde han sacado eso las niñas? —Carlota seguía disimulando. Bajó la voz. Notó que los padres de alrededor se daban codazos y se giraban hacia ellas.

—¿Pues de dónde lo van a sacar, Carlota? De lo que han escuchado en sus casas. A vosotras, vamos. ¿O se han comprado las niñas mi libro para sacar esas conclusiones? —Alcé deliberadamente la voz. No solo pretendía que se avergonzaran, también quería dejar claro al resto de la gente que si se les ocurría hablar de mí a mis espaldas y me enteraba, no me iba a cortar un pelo en defenderme.

—No levantes la voz, mujer —me rogó.

Algunos padres desalojaron la zona. Creo que la vergüenza pudo más que su curiosidad. Otros se quedaron apoyados en algún coche mirando el móvil o en pequeños corrillos comentando la jugada sin intención de disimular.

—¿Por qué no? Estoy deseando que me lo expliquéis y me da igual que lo oiga el resto. A ver, ¿se han leído las niñas mi libro? ¿Les habéis dejado el móvil para que entraran en mi Instagram? ¿Cómo es posible que digan una palabra así de mí y que además se lo transmitan a mi hijo? Pero, bueno, estoy dispuesta a escuchar lo que tengáis que decirme.

—¡Jamás utilizaría una palabra así para referirme a una mujer! Eso lo primero —Carlota estaba realmente incómoda—, no voy a permitir que vengas a decir cosas que no hemos dicho, Natalia. Te tengo mucho aprecio y no entiendo este ataque.

—¿Prefieres que a la salida del colegio coja a vuestras hijas y les pregunte directamente? Porque os aseguro que no tengo ningún problema —afirmé con rotunda seguridad.

—Tú no vas a tocar a mi hija sin mi permiso, ¿te queda claro? —Carlota sacó las garras.

—A ver —interrumpió la madre de Sara—, yo he comentado alguna vez con mi marido en casa que no me gustan los vestidos que sacas en Instagram y puede ser que ella lo haya escuchado. Pero nunca te he insultado. Tampoco pasa nada por decir eso, creo yo.

—Claro que no, ¿qué va a pasar? Mira, a mí por ejemplo no me gusta ni tu ropa, ni tu pelo ni tu cara, esto último tiene además peor remedio.

Varios padres murmuraron alrededor y rieron al escuchar mi directa.

—Creo que te he hablado de manera educada para que me contestes eso, Natalia. —Ahora se hacía la digna.

—Nosotras no te hemos llamado puta, pero te voy a decir una cosa. Si tanto te molesta, a lo mejor es por algo. ¿Te avergüenzas de lo que subes a redes y ahora pretendes echarnos la culpa a nosotras? —Carlota estaba dispuesta a pelear.

—Si me avergonzara, no habría venido a pediros explicaciones. ¿Qué te pasa a ti? ¿Te dan envidia las cosas de las que hablo?

—¿Por qué me iba a dar envidia una tía que se gana la vida escribiendo y hablando de las pollas que se come, Natalia?

Se hizo un silencio total. Ahora sí que estábamos dando el espectáculo. Creo que yo incluso había menospreciado a Carlota. No había pensado que se fuera a encarar de esta manera.

—Precisamente por reducir todo lo que hago, que es mucho, a comerme pollas. Que te diré yo una cosa también, está genial hacerlo de vez en cuando, deberías probarlo. —Cogí aire y proseguí—: En cualquier caso, entiendo que a alguien como tú le cueste entender lo que es trabajar. Escribo libros, me grabo reflexiones y hago publicidad. Lo de las pollas es gratis.

—Solo te digo que si te molesta lo que le puedan decir a tu hijo, a lo mejor la que se debe cortar eres tú, no nosotras.

—Y yo solo te digo a ti que no hago nada de lo que deba avergonzarme y que si tanto te agrede mi forma de vivir es porque te mata la envidia. Deberías relajarte, como hace tu marido. —Aproveché que se quedó *shockeada* para darme media vuelta y tirar la bombita final—: Por cierto, dile a Mario que cambie las fotos de su Tinder. Tiene las mismas desde hace un año. Así no va a conseguir carne fresca.

Carlota soltó el bolso y se dirigió a mí como una furia. Tres padres que atendían con interés nuestra conversación y entendieron sus intenciones se tiraron a por ella.

—¡Puta! ¡Te lavas la boca antes de hablar así de mi marido! ¡No tiene ningún perfil en ningún sitio! ¡Puta y mentirosa!

Se hizo un remolino a su alrededor tratando de calmarla mientras yo me alejaba con paso firme y lento. No me sentía orgullosa de lo que acababa de hacer, pero la beata esta tampoco me había dejado otra salida.

* * *

Julio seguía igual de guapo que siempre. Tenía la envergadura de los hombros más ancha, al igual que los brazos. Tomamos unas cervezas por la zona de Tribunal y luego nos fuimos a cenar. Me encantaba el Rías Baixas, el lugar donde servían las mariscadas de la clase trabajadora. Dos bueyes de mar, percebes, gambas y langostinos por cuarenta euros. No era el mejor marisco del mundo, pero era marisco. Y me encantaba el ambiente de tasca de barrio con mesas apelotonadas y gente feliz celebrando aniversarios y cumpleaños.

—Como sigas así, no va a haber ropa para ti en ningún lado —le advertí sonriendo y palpándole el hombro.

—Tú por eso no te preocupes, que me gusta que me queden apretadas, ja, ja, ja, ja.

—Ya, ya lo sé.

Pedimos la mariscada para dos, unos calamares a la romana y una botella de verdejo.

—Así que al final te separaste, ¿eh?

—Te dije que lo haría.

—Sí, unas diecisiete veces. Pero lo hiciste cuando ya lo habíamos dejado.

—Bueno, pero lo hice. Y no lo dejamos, me dejaste tú —aclaré.

—*Joé,* qué rencorosa, ¡la tía!

—Rencorosa no, precisa. —Reí.

—Bueno, ¿y cómo estás?

—La verdad es que bastante bien. Ahora mismo me va todo genial, no tengo nada de lo que quejarme.

—Vamos, que solo te falta tener diez años menos —soltó.

—¿Por qué dices eso? —repliqué muy seria.

—¡Hombre, porque ahora que estás tan bien, ya si encima tuvieras menos años para gozarlo sería un lujo! Recuperar el tiempo perdido y eso.

—No tengo nada que recuperar y no necesito menos años. Soy joven. ¿O tenías tú algún problema conmigo?

—No, mujer, que era un comentario sin más.

Que no era el más listo de su clase era algo que ya sabía. Decidí cambiar de tema, porque en realidad era consciente de que no lo había hecho con maldad.

—Oye, y lo de la peli de tu libro, qué guay, ¿no?

—Sí, estoy muy contenta. Me han caído buenos euros por eso, ja, ja, ja, ja.

—Yo ya veo la peli, ¡eh! Es que el libro tiene muchas palabras.

—Sí, es lo que tienen los libros… —Si es que era tonto. Menos mal que era guapo y follaba bien, porque si no, de verdad que no sabía qué iba a ser de la vida de este chico.

—Hombre, un cómic o algo así, lo mismo sí. Pero es que me puse y es muy largo, tía. Además, va como de una chica que…, no sé, no me enteré bien. Muy raro.

—Es que las chicas son tan raras… —apostillé con ironía.

—¡Ya ves! Sois rarísimas. Necesitamos un manual de instrucciones para entenderos.

—No lo leerías, tendría muchas palabras. —Y chupé con ganas la cabeza de una gamba.

—¡Que lo hagan en peli!

Soltó una carcajada. Se hacía infinita gracia a sí mismo. Cuando se reía con la boca abierta, los mofletes le enterraban los ojos y parecía una muñeca repollo. Ponía la misma cara al correrse. Recordé que me parecía ridícula y me entraba la risa y por eso empecé a coger la costumbre de cerrar los ojos cuando estaba a punto de acabar. Se tapó la cara con las manos al reír. Al levantar los brazos, me fijé en que la camiseta tenía como una mancha marcada de cercos de sudor en ambas axilas.

—Eres la mejor, Natalia. ¡Cuánto me río contigo siempre!

—Tú sí que eres gracioso. ¡Deberías hacer monólogos!

«Que continúe la ironía.»

—¡¿A que sí?! Me lo dicen todos mis amigos. Mira, te cuento un chiste.

—Lo estoy deseando.

—¿Sabes por qué una mujer no podría ser papa de Roma?

—Sorpréndeme.

«Espérate, que va sin frenos ya.»

—Porque habría que decirle «su santidad, la mama». Y quedaría feo. ¿Lo pillas? La «mama», como la «chupa», ja, ja, ja, ja.

No sabía si a la mueca que se había dibujado en mi cara se le podía llamar sonrisa. Lo intenté, lo juro. Él volvió a descojonarse. Esta vez se agarró la tripa y sacudió la cabeza hacia los lados. Era espeluznante, se agitaba como una marioneta sin articulaciones.

—Ay, tía. Me meo.

—No me extraña, es graciosísimo —contesté sin establecer contacto visual para que no se percatara de la mofa.

—No, que me meo de verdad. Voy al baño un segundo.

Le miré por la espalda y me percaté de que sus piernas eran finísimas. Si reparabas en él detenidamente, era evidente que tenía el cuerpo raro. Por primera vez determiné que en realidad no era tan guapo.

—Ya está. Ya le he cambiado el agua al canario.

—Bueno, ¿y tú qué tal? Estás con una chica, ¿no?

—Bueno, estaba…

—¿Qué ha pasado? —sentí curiosidad.

—Nada, estuvimos unos meses juntos y luego, de la noche a la mañana, me dijo que ya no quería seguir. Que se aburría conmigo.

—¿Y cómo puede ser eso?

«Soy una tremenda hija de su madre, lo sé.»

—Ya, no lo entiendo yo tampoco. Dice que necesita a alguien más elevado, es que no sé qué significa eso. Si yo mido casi metro noventa.

Le miré estupefacta. ¿De verdad era tan tonto y nunca me había dado cuenta? ¡O peor! ¡Me había dado igual! ¿Tal era el encoñamiento al que estaba sometida que no había sido capaz de ver que esa ameba de gimnasio tenía un cromosoma de vacaciones permanentes? En verano la gente no tiene tantas conversaciones, quizá. Todo se reduce a jugar al voleibol medio desnudos en la playa y comer y beber como si fuéramos de la corte de Luis XIV. Cómo de infeliz tenía que haber sido para conformarme con esto, para poner en peligro a mi familia. Cuál sería el embrujo que ejercen los bíceps y las pollas resistentes para que mi desesperación me hubiera llevado a liquidar dos vidas. La culpa era de toda esa panda de amputados emocionales que follan tan mal y se preocupan tan poco del placer de sus compañeras, que enloquecemos cuando uno que nos exfolia el coño con esmero nos dice que no. Sartre dirá lo que quiera, pero el infierno no son los otros. Son ellos.

27

Era la favorita de la noche. Yo lo sabía, la taquilla lo sabía y no podía ser casualidad que hubieran escogido a una amiga mía para entregar el Goya en la categoría en que yo estaba nominada. Me había costado muchísimo trabajo llegar hasta aquí y por fin iba a tener una recompensa pública. Sí, ya sé, que no necesito reconocimiento ni validación externa, blablablá. ¡Pero claro que la necesito! Y más si es en forma de premios y billetes. Solo alguien que no tiene ni media posibilidad de ser galardonado diría que los premios son lo de menos o que no importan. ¿Y qué más? ¿Lo importante es participar? ¿Compartir es vivir? ¿El dinero no da la felicidad? Por favor, que se vayan a otra puerta con argumentos para que la gente *loser* se conforme con seguir siéndolo y no moleste a los que manejan el cotarro. Estaba completamente decidida a pasar al grupo de los que toman decisiones y cambian mentalidades. Solo el arte y la cultura tienen ese poder. Ya tenía un pie dentro y quería tener los dos. Crucé los dedos tan fuerte que cuando los soltara empatizaría con los enfermos de artrosis.

Leticia Dolera abrió el sobre con destreza. Se acercó el micrófono y cantó a las ganadoras:

—El Goya para el mejor guion adaptado es para… ¡Isabel Coixet y Natalia Argüelles por *Ansia*!

¡Sííííí! ¡Lo sabía! ¡Lo sabía! Lloré de emoción. Había trabajado mucho para llegar hasta allí. Literalmente, me había dejado la vida, no la mía, pero sí las de otros dos, ja, ja, ja, ja, ja. Chiste macabro, pero como no iba a salir de mi cabeza, qué más daba. Isabel y yo nos abrazamos y felicitamos. También abracé a Irene, que estaba sentada detrás de mí. Por movidas de cámaras y organización, no podía estar a mi lado. Por fin, después de cientos de diarios infantiles, novelas adolescentes enviadas a editoriales sin respuesta, blogs de internet, columnas de periódicos y dos novelas publicadas, por fin, estaba viviendo de escribir. Lo había conseguido. Y no solo eso: me lo estaban reconociendo.

—Quiero agradecerle este Goya a Isabel por haber confiado en mi historia y haberla plasmado en la pantalla grande con tanta humanidad. A todas las personas que leyeron el libro antes de que su título fuera conocido. A Irene, mi editora, que confió en mi historia y me dio una primera oportunidad real. Pero, sobre todo, a las mujeres que, leyendo nuestros libros, viendo nuestras películas, escuchando nuestros pódcast e interesándose por nuestro punto de vista, han cambiado las reglas del juego y han desafiado las decisiones de los despachos que permiten un estereotipo de mujer muy estrecho en el que es muy difícil encajar, tanto para tener presencia en los medios como en los personajes que escriben en la ficción para nosotras. Gracias a vosotras estamos dejando de ser musas y trofeos para ser creadoras que los coleccionan. Gracias a Sergio, el padre de mi hijo. Sin su trabajo y su dedicación a nuestra familia, no habría podido nunca dedicar el tiempo que se necesita para escribir una novela como esta y luego el guion de esta hermosa película. Y en último lugar, a san Pancracio y a Dios, estoy segura de que soy una de sus favoritas.

* * *

—¡Chinchín! —Irene me acercó una copa de cava para brindar—. ¡Madre mía, Natalia! Está todo el mundo en Twitter comentando que le has dedicado el premio a Dios.

—Que les den por culo, la gente no pilla una coña. Si luego digo de seguido que soy su favorita, joder. Y san Pancracio es el santo del dinero. Verás —cogí el móvil—, voy a escribir un tuit: «Pues nada, cuando recojáis vosotros un premio, se lo dedicáis a quien os dé la gana. Ah, bueno, claro, que para eso tendrían que premiaros».

Irene me arrancó el móvil de las manos.

—¡Ni se te ocurra! ¡Estás loca! Tú estás muy por encima de @PititaMuñoz_45 y sus amigos. ¡Se acabó, hombre, ya!

—Pero que no te pongas nerviosa, que soy la favorita de Dios, ja, ja, ja, ja, ja.

—¡La favorita de mis muertos! No se te ocurra escribir nada, que me cabreo, Natalia. Tengamos la fiesta en paz. Nunca mejor dicho, mira qué de gente guapa y exitosa hay aquí.

—Qué bien se vive cuando la suerte está de tu lado.

—¿Qué suerte? Lo tuyo ha sido piedra a piedra.

—Bueno, también ha habido algo de estar en el momento adecuado y en el sitio adecuado, ¿no crees?

—No, no lo creo.

—Bueno, tú porque eres una pija que cree en la meritocracia y en los Reyes Magos, pero sabes bien que el talento y el trabajo sin la suerte de tu lado no sirven de mucho.

—Deja las chapitas para los libros, anda. Y abrázame, que me tienes contenta. —Qué bien le olía el pelo a Irene—. Yo me voy a ir, que mañana tengo que estar pronto en la oficina. No escribas nada en ningún sitio. Es más, deja el móvil. Hoy la noche es para disfrutarla. Y mañana hablamos.

—Por la mañana no voy a ser persona, pero por la tarde me acerco seguro y charlamos de todo, ¿vale?

* * *

Menudo edificio tenían los de Atalaya, la verdad era que no tenían nada que envidiar a Océano. Caminaba por un pasillo largo con un montón de mesas alargadas a los lados. Algunas personas levantaban la vista y me sonreían. Creo que debían de saber quién era. Una chica me interpeló directamente:

—Natalia, ¡enhorabuena! Aquí somos muy fans.

Al fondo del pasillo había un despacho acristalado bastante amplio. En la mesa, como una jodida jefa triunfadora, estaba Irene hablando por teléfono. Me vio acercarme y me hizo un gesto para que esperara fuera. Cuando colgó, salió a buscarme.

—A ver, esa ganadora, ¿mucha resaca?

—Tía, que me follé a Maxi Iglesias.

—¿De verdad?

—No, pero ¿a que hubiera molado?

—Eres tontísima, Natalia. Pasa, anda.

—Con lo bien que se está sola, no me jodas. Ja, ja, ja, ja.

Me senté en una silla enfrente de su mesa. La tía tenía una butaca de cuero marrón enorme. De verdad que parecía una ejecutiva del Ibex 35.

—Vaya despachito, ¿eh? Enhorabuena a ti también. Igualito que en Océano.

—Allí mi mesa tenía el tamaño de un pupitre. Pero, bueno, es que aquí ya soy directora editorial. Solo voy a editar a quienes me apetezca, de verdad, porque no es que vaya a tener mucho tiempo con el resto de las labores. Pero, a ver, vamos al grano. Ya sabes que quiero que te vengas con nosotros.

—Sí, y sé que en su día te dije que me iba contigo a donde fuera, pero, Irene, con toda la inversión que hicieron y lo de los derechos de la película, me da un poco de palo. Siento como que los estoy traicionando después de todo.

—Bueno, pues vamos a ver qué podemos hacer para que ese sentimiento de traición mengüe. ¿Qué te parecen cien mil de adelanto por tu tercera novela?

—Pero ¿cómo me vas a dar tanto de adelanto?

—Pues, vamos a ver, veo que has vendido de la primera novela sesenta mil ejemplares y la segunda ha pasado de los doscientos mil. El anuncio de la película disparó las ventas y estoy segura de que el Goya va a traer unos cuantos de miles de libros más. Creo que tu deuda con ellos estará de sobra pagada. Eres joven, con mucha trayectoria por delante y, según dices, con la suerte de tu parte. Eres la favorita de Dios, ¿no es así?

—¡Ja, ja, ja, ja, ja! Digamos que sí. La verdad es que creo que cien mil euros es una cantidad suficiente como para bloquear el sentimiento de traición.

—Bien, pues tienes todo lo que el público quiere. Así que sí. Confío mucho en tu próximo proyecto. ¿Tienes alguna idea?

—Sí, estaba pensando en una especie de continuación de *Ansia*.

—Perfecto. Pues prepararemos el contrato y en cuanto tengas algo me lo mandas.

—Ya tengo cosas. Creo que voy a seguir con la línea del *true crime*, solo que no es *true*, claro —sonreí.

—A veces pones unas caras que me dan miedo.

—¿Por qué?

—No lo sé. Pero bueno, sigue.

—Pues eso. Calculo que en un mes te puedo entregar el primer capítulo.

—A ver, déjame que mire el calendario. —Se levantó y se puso a levantar las páginas de un calendario de *Vogue* que tenía colgado en la pared—. En un mes es marzo. Umm, creo que podríamos sacarlo en noviembre del año que viene, para la campaña de Navidad. Es la mejor época. Estoy segura de que va a ser un éxito —me guiñó el ojo—. ¿Crees que en un año lo tendrás?

—Seguro. Yo también tengo ese pálpito, Irene. Es más, es que lo sé.

* * *

Las fotos de la campaña, el *link* a Amazon, el *link* a la Casa del Libro, el *link* a Todostuslibros.com y las ganas de petarlo. A ver qué pongo en la foto: «Mi tercera novela: *La favorita de Dios*». Este libro era muy importante para mí. Suponía mi consagración definitiva. Con este libro demostraría que lo mío no era flor de un día, que mi nombre tenía un hueco en la literatura de este país. «Aquí os presento por fin a mi nuevo hijo. Me ha costado muchísimo parirlo, pero…», bah, todo el mundo pone movidas así como de parto. Y, sinceramente, un libro no te destroza el coño, por mucho que cueste escribirlo. A ver: «Tengo ansia de comérmelo todo, de conocerlo todo, de follármelo todo, de comprenderlo y ganarlo todo. No quiero irme de este mundo sin haber experimentado todas y cada una de las emociones que una persona pueda soportar. Pero, sin suerte, nada de esto será posible. Hasta la persona más talentosa necesita un pequeño empujón que la aúpe y que luego la proteja para no perder lo conseguido. Quiero estar arriba y abajo. Quiero conocer cada rincón, incluso el más sombrío, de la condición humana. Disfrutad de esta novela y que la mano del Todopoderoso os sostenga en vuestro camino».

«¡Venga, publícalo ya!», voceó el santo.

Pulsé «Compartir» y esperé las reacciones de la gente. Lo subí también a las *stories* con los *links* de la preventa. Me abrí una cerveza y traté de ocupar la cabeza en otra cosa mientras la gente comentaba. Si no lo hacía así, podía pasarme dos horas actualizando el perfil cada diez segundos, poniéndome objetivos imposibles y sintiendo sin motivo que no cumplía las expectativas. No era plan. A ver si era capaz de disfrutar un poquito de las cosas sin presión.

«¿Qué pasará? ¿Qué te dice la gente?»

—No quiero mirar aún.

«Venga, hombre. Lo miras cada dos segundos cuando subes un *reel* anunciando chóped de Campohelado y te vas a hacer la digna ahora.»

—Venga, vale. Voy a mirar.

«Espera, espera, que le voy a poner suspense. —Empezó a mover las manos como si el laurel que sujetaba fuera una batuta—: ¡Ta, ta, ta, chaaaan, ta, ta, ta, chaaaannnnn! ¡Te pongo la banda sonora para darle emoción!»

—¡¡¡¡Dios mío, Pancracio!!!!

«¿Qué? ¿Qué? ¡Dime qué pasa!»

—¡Que soy número uno en Amazon! ¡Pero si solo lleva unas horas en la preventa!

«¡¡Ta, ta, ta, chaaaan, chaaann, channn!!»

Mandé capturas de pantalla del pódium de la web a Sergio, a Irene, al grupo de amigos de la universidad, al grupo de escritoras y a un par de chicos con los que me veía de vez en cuando. El karma existe, solo que no funciona como la gente cree.

Agradecimientos

Laura, Amanda y Mercedes. Os agradezco profundamente vuestro trabajo en el libro. Laura es una editora y compañera maravillosa, la vista de Amanda no deja un cabo suelto y Mercedes ha engalanado el texto con una portada espectacular.

Gracias a Andrea, a Leticia y a Victoria, por leer los primeros capítulos cuando estaba arrancando y darme ánimos y consejos. Todos y cada uno de ellos fueron tenidos en cuenta. Gracias también a Álex, por leer párrafo a párrafo la novela completa y pedirme más después de cada avance.

Gracias a Bea, Angy, Nuria, Emma, Pili, Ivo, Patri, Pepa y amigos de Asturias que, mientras escribía por las mañanas, os llevabais a mi hijo a la playa o a pasear o a jugar en casa.

Y a los agradecimientos sumo una petición: espero que el Ayuntamiento de San Juan de la Arena ponga una placa en el edificio donde escribí la novela como la que tiene Rubén Darío en otra calle del pueblo.

Gracias de corazón.